Der Wiener Gürtel
Wiederentdeckung einer lebendigen Prachtstraße

Madeleine Petrovic

Der Wiener Gürtel

Wiederentdeckung einer lebendigen Prachtstraße
Mit Photographien von Dieter Nagl

Verlag Christian Brandstätter

Für Maria und Ernst

Im Gedenken an
Leopold Bill (8. Juni 1898 bis 7. Jänner 1943),
Josef Kohlitz (23. Juni 1896 bis 7. Jänner 1943),
Adolf Schmutzer (8. März 1895 bis 8. September 1943),
Viktor Christ (27. April 1904 bis 6. November 1941).
Bill, Kohlitz und Schmutzer arbeiteten am
Straßenbahn-Betriebsbahnhof Währinger Gürtel,
Christ wohnte am Margaretengürtel 122.
Wegen ihres Widerstandes
gegen die Nazi-Diktatur wurden sie ermordet.

Inhalt

Vorwort *Seite 7*

I. Das Werden einer Prachtstraße *Seite 10*
Wien – Bindeglied und Bollwerk *Seite 10*
Alte Grenzen und ihre Überwindung *Seite 11*
Der Linienwall – Eine Zollgrenze prägt die Stadtentwicklung *Seite 15*
Die erste Stadterweiterung – Wien dehnt sich bis zum Linienwall *Seite 21*
Die Wiener Festung weicht der Ringstraße *Seite 28*
Der trotzige Linienwall. Der Zollwall überlebt den Fall der Basteien *Seite 30*
Die zweite Stadterweiterung – Wien überwindet den Linienwall *Seite 38*
Exkurs: Die Handschrift der politischen Kräfte am Gürtel *Seite 44*

II. Der Gürtelboulevard *Seite 49*
Neue Bauten und alte Traditionen *Seite 49*
Exkurs: Die Wiener Stadtbahn und der Wienfluß *Seite 56*

III. Urbane Veränderung *Seite 66*
Die Wiederentdeckung einer verkommenen Prachtstraße *Seite 66*
B 221. Der motorisierte Gürtel *Seite 67*
Der kommissionierte Gürtel *Seite 70*
Unterwegs zum Slum *Seite 75*
Eine kleine Welt im Hinterhof *Seite 83*
Der Gürtel als europäische Herausforderung *Seite 85*
Die neue Sicht der Stadt *Seite 87*
Ganzheitliche Verkehrslösungen *Seite 90*
Europa entdeckt den Gürtel *Seite 93*
Stadtbahnbogen – Das lange Warten auf den Durchbruch *Seite 97*
Der Urban-Loritz-Platz – neu überdacht *Seite 99*
Der Uhlplatz – ohne Wasserwand *Seite 101*
Eine urbane Bühne vor der Volksoper *Seite 101*
Die Kunstmeile *Seite 102*
Kleine Schritte im Hintergrund *Seite 102*
Lugners Wolkenspange *Seite 103*
Bausteine der Erneuerung *Seite 106*
Das Jahrhundertprojekt Zentralbahnhof *Seite 109*
Bewegung im Mikrokosmos *Seite 111*
Unruhe im Makrokosmos der Stadtplanung *Seite 112*
Die Trans-formation *Seite 115*

Anmerkungen *Seite 117*
Quellenverzeichnis *Seite 117*
Literaturverzeichnis *Seite 118*

IV. Farbbildteil *Seite 121*

Bildnachweis *Seite 215*

Zum Geleit

Der Wiener Gürtel – einst Prachtstraße und sichtbares Zeichen einer neuen Epoche, dann städtische Problemzone. Trotzdem oder gerade deswegen ist die Gürtelstraße mit all ihren sozialen Spannungsfeldern ein Teil der Identität unserer Stadt. Es war daher eine der wichtigsten Initiativen der letzten Jahre, sich nicht nur mit dieser fokussierten Stadtproblematik auseinanderzusetzen, sondern sie gleichsam ins europäische Licht zu rücken, sie zu einem europäischen Stadtthema zu machen. Mit dem Start des von der Stadt betriebenen und von der EU geförderten Gürtel-Plus-Projektes Ende 1995 gelang und gelingt es, den Gürtel langsam, aber kontinuierlich wieder zu einem lebendigen und beliebteren Wohn- und Lebensraum zu machen. Man könnte auch sagen: Jene Strategie, gerade dem Spröden, dem Ungeliebten größere Zuwendung zukommen zu lassen, zeigt erste und vitale Erfolge. Besonders erfreulich ist dabei, daß sich im Gürtelbereich – insbesondere in den alten Stadtbahnbogen – eine neue Jugend- und Kulturszene zu entwickeln beginnt. Die Basis für einen Gürtel, der wieder zu neuer Blüte gelangen könnte, ist somit gelegt.

Dieses Buch über den Gürtel und seine Geschichte, seine offenen und seine verdeckten Seiten, seine Architektur und seine Atmosphäre, erscheint daher nicht nur zum richtigen Zeitpunkt, es ruft vielmehr eine Stadtgegend in Erinnerung, die auch aufgrund ihrer Spannungen und Brüche schon längst zu einem Wiener Wahrzeichen geworden ist.

Michael Häupl

Dr. Michael Häupl
Bürgermeister und Landeshauptmann von Wien

Vorwort

Architekturdetail von Otto Wagner

Wie kann es passieren, daß man ausgerechnet vom Gürtel in Bann gezogen wird? Kaum eine Gegend in Wien hat einen ähnlich schlechten Ruf: Verkehrshölle, Ghetto für sozial Schwache, Straßenstrich. Und trotzdem: Das Stigma der urbanen Problemzone kann der Faszination und dem besonderen Reiz dieser verkannten Prachtstraße nicht wirklich Abbruch tun.

Genau weiß ich es selbst nicht mehr, wie ich in den Bann des Gürtels geraten bin. Es ist schon einige Jahre her, daß mir, unterwegs am Gürtel, nach und nach Erstaunliches auffiel. Besonders an Wochenenden, in den frühen Morgenstunden, wenn der Straßenverkehr noch nicht von ihm Besitz ergriffen hat und alle anderen Eindrücke überlagert, da zeigt der Gürtelboulevard seinen eigentlichen Reichtum: mit Leben erfüllte, bewohnte Prachtbauten, die imposante Stadtbahn-Architektur Otto Wagners, blühende Fliederbüsche und wildwuchernder Efeu, buntbevölkerte Parks, geschäftige Lokale und Betriebe.

Der Gürtel ist ganz anders als die Wiener Ringstraße. Die extremen Belastungen durch den motorisierten Straßenverkehr haben ihre Spuren hinterlassen, an Häusern ebenso wie an Bäumen. Und die Menschen, die im Bereich des Gürtels leben – mehr als die Stadt Innsbruck EinwohnerInnen zählt –, haben wohl kaum das stolze Bewußtsein, an einer Prachtstraße zu leben. Noch ist der Gürtel keine gute Adresse. Dort bleiben vor allem die Alten, die nicht mehr wegkönnen, und wenn neue BewohnerInnen hinzukommen, dann meist solche, die in den besseren Gegenden der Stadt kaum eine Chance haben: Fremde und sozial Schwache.

Derzeit hat der Straßenverkehr die Gürtelgegend noch immer fest im Würgegriff. Etwa 100 000 Autos benutzen täglich die Gürtelstraße. Während jedoch am Brenner mit seiner viel geringeren Belastung der politische Widerstand der Bevölkerung, die buchstäblich auf die Straße gegangen ist, zu einem Umdenken gezwungen hat, scheint der Straßenverkehr am Gürtel von den Betroffenen gleichsam wie ein unabwendbares Naturgesetz erduldet zu werden. Wie sollen sie sich auch wehren, angesichts ihrer sozial wahrlich nicht bevorzugten Situation?

Tagein, tagaus und Nacht für Nacht rollt die Blechlawine über den Gürtel oder staut sich irgendwo in seinem Verlauf. Eine anonyme Masse zieht an den Prachtbauten, den Stadtbahnstationen, den Bäumen, Sträuchern und Parkanlagen vorbei.

An diese anonyme Nachfrage richtet sich in den Abend- und Nachtstunden das Angebot des Straßenstrichs, der Peep-Shows und Bordelle. Noch dominiert nächtens das Rotlichtmilieu die Szene; doch alte und neue Gaststätten, Jugendlokale und Sozialinitiativen machen sich verstärkt bemerkbar und konkurrieren um den Platz am Gürtel. Der Gürtel ist, weiß Gott, kein Museum, kein Denkmal der Gründerzeit, sondern lebendiger – wenn auch teils angegriffener – Lebensraum. Genau das macht seine Faszination aus und hat mich in seinen Bann gezogen.

So habe ich begonnen, dem Werdegang dieses Straßenzuges nachzuspüren. Wie konnte ein derart breiter und vielfältiger Boulevard mitten im dichtbesiedelten Gebiet entstehen? Wie erklärt sich der soziale Bruch zwischen den besser ausgestatteten und besser erhaltenen Wohngegenden innerhalb des Gürtels und den ärmlicheren Häuserblocks im Hinterland des Außengürtels? Welchen Einfluß hatten soziale Veränderungen im Laufe der Geschichte, und wie stark hat der politische Gestaltungswille der Regierenden, die Stadtplanung, prägend gewirkt?

Als ich diesen Fragen auf den Grund ging, zeigte sich sehr bald, daß der Gürtel, sein soziales Umfeld und seine Entwicklung, exemplarisch ist für urbane Veränderungsprozesse. Durch das Aufdecken, das Sichtbarmachen der maßgeblichen Kräfte der Veränderung, wird nicht nur die Gegenwart besser verständlich, sondern auch die Möglichkeit künftiger Veränderungen deutlich. Der Wiener Gürtel ist ein lebendiges Lehrstück für die Chancen, aber auch die Grenzen gestaltender politischer Entscheidungen. Seine Geschichte lehrt, daß städtebauliche Großprojekte nur in bestimmten historischen Entwicklungsphasen gegenüber Beharrungstendenzen und Widerständen eine Chance auf Realisierung haben. Entscheidungen am Reißbrett der Planung können gewachsene soziale und wirtschaftliche Strukturen nicht auslöschen oder auch nur grundlegend verändern. Es ist daher nicht verwunderlich, daß oftmals ganz andere Mechanismen als die der Stadtplanung und -gestaltung viel nachhaltigere Wirkungen gezeitigt haben: Das Steuersystem, soziale und wirtschaftliche Rahmenbeedingungen sowie die Erwartungen bzw. Spekulationen hinsichtlich künftiger politischer Entscheidungen beeinflussen regionale Entwicklungen mindestens ebenso stark wie öffentliche Großbauvorhaben.

Generationen von Stadtplanern sind bisher an den Dimensionen der Probleme, die sich im Bereich des Gürtels vor allem im Verkehrswesen manifestiert haben, gescheitert. Technokratische Lösungen – Einhausungen, Tunnels, Fahrbahnverlagerungen etc. – erwiesen sich als politisch und faktisch nicht machbar, zu teuer, zu weit von der Realität entfernt. Alle diese Bestrebungen blieben auf der Ebene von Sandkastenspielen stecken.

Meine persönlichen Eindrücke und Erfahrungen haben mich vom umgekehrten Weg überzeugt. Nicht Resignation und Frustration angesichts ungelöster Probleme sind geeignete Triebfedern für eine Veränderung, sondern das Verständnis für das Werden sozialer und wirtschaftlicher Strukturen und das Erkennen jener historischen Gunstsituationen, die für politische wie für städtebauliche Initialzündungen ausschlaggebend sind: Ein dem Anschein nach kleiner Funke, der im richtigen Zeitpunkt in der richtigen Weise gezündet wird, kann mehr und Besseres bewirken als ein – heute ohnehin schon nahezu unmöglicher – politischer Kraftakt, eine aufgezwungene Entscheidung. Das ist absolut kein Plädoyer für Untätigkeit, passives Zuwarten oder gar Ignoranz. Im Gegenteil: Es ist ein leidenschaftlicher Aufruf zu mehr gestalterischem Mut, zur Abkehr von einem ökologisch und sozial verhängnisvollen wirtschaftlichen Laisser-faire-Prinzip. Es geht um das intelligente Einsetzen politischer Hebel. Grundvoraussetzung dafür ist vielleicht nicht nur das Verständnis für die Entwicklung einer Region, sondern auch ein ganz persönliches Interesse, eine persönliche Zuneigung. Ich für meinen Teil bin vom Gürtel in seinen Bann gezogen worden, ich habe mich in diese monströse und doch so faszinierende Straße verliebt.

Dieses Buch soll daher kein Geschichtsbuch sein, nicht historische Details auflisten und nicht Daten und Fakten aneinanderreihen. Mit diesem Buch will ich meinen persönlichen Funken auf andere überspringen lassen und das zeigen, was ich am Wiener Gürtel so lange nicht gesehen und schließlich doch entdeckt habe. Die professionellen Augen „meines" Photographen Dieter Nagl haben diese Faszination in vielen Augen-Blicken festgehalten und in Bilder gefaßt. Ich bin überzeugt, daß ein Ausbruch aus der Sachzwanglogik durch Planungen von oben nicht gelingen kann, solange die Sehnsucht nach der Wiedereroberung des Gürtels und seiner Umgebung als Lebensraum nicht viel, viel stärker wird. Fast scheint mir, als hätte mein Entschluß, mich des Gürtels anzunehmen, bereits positive Auswirkungen. Während meiner Arbeiten an diesem Buch ist vieles passiert. Der Gürtel hat das Interesse einer neuen, einer kritischen Stadtplanung auf sich gezogen. StudentInnen befassen sich mit dem Gürtel, neue Lokale werden gegründet, Kunst- und Kulturprojekte wachsen. Die Auseinandersetzung um das Recht, den Gürtel als Lebensraum zu nutzen, ist voll im Gang.

Meine Faszination allein hätte zur Entstehung dieses Buches nicht gereicht – zum Glück haben andere sich anstecken lassen: Dieter Nagl ebenso wie Roman Freihsl, der Interviews mit „Gürtel-Menschen" geführt und für journalistische Aktualität gesorgt hat. Eva Kellermann und Charlotte Ullah haben meine bisweilen schwierigen Aufzeichnungen und Tonbänder ins reine gebracht, Elisabeth Kutzelnig hat das Telephonchaos immer wieder entwirrt, Reinhard Pickl-Herk hat den Text kritisch gelesen und Winfried Dimmel hat die Spuren des Linienwalls in Archiven, Bibliotheken und Sammlungen verfolgt. Wir haben die Geduld zahlreicher GesprächspartnerInnen im Wiener Rathaus und in etlichen Magistratsabteilungen, im Wiener Urban-Büro und in vielen öffentlichen und privaten Betrieben auf eine harte Probe gestellt. Schließlich haben die MitarbeiterInnen des Verlags Christian Brandstätter und Maria Seifert ihr Bestes getan, damit das Buch nicht nur in der vorgegebenen Zeit, sondern auch in schöner Ausstattung erscheinen konnte. Allen Beteiligten möchte ich an dieser Stelle danken!

Bei einem hätte ich mich gerne selbst mit diesem Buch für seine wertvollen Anregungen und Informationen bedankt: bei Wolfgang Mayer, dem Linienwall-Experten, der leider während der Entstehung des Manuskriptes im Jahre 1997 verstorben ist.

I. Das Werden einer Prachtstraße

Wien – Bindeglied und Bollwerk

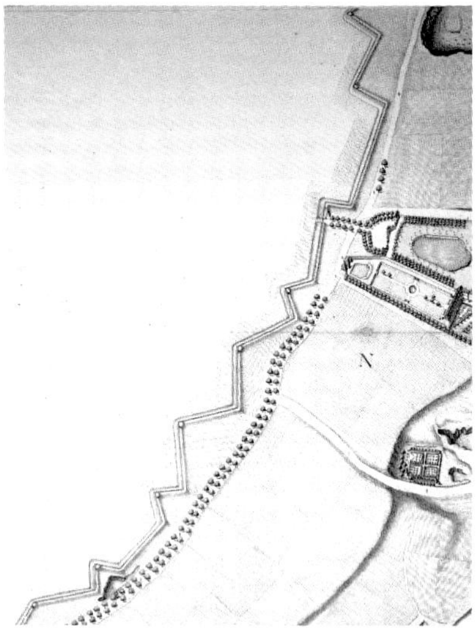

Belvedere-Linie

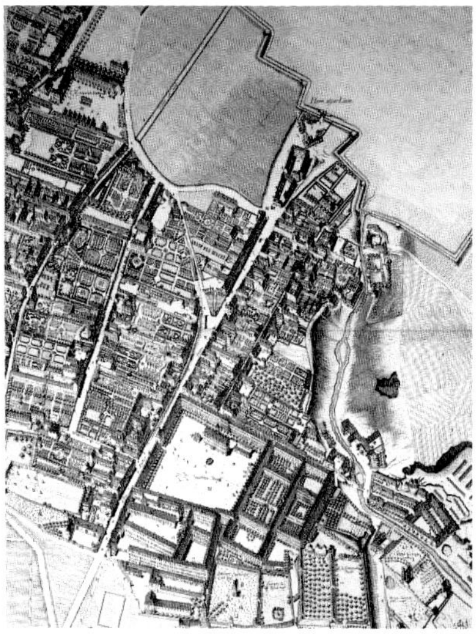

Hernalser-Linie

Vogelschauplan der Stadt Wien mit ihren Vorstädten. Kupferstich von Joseph Daniel Huber, 1769-73.

Das Wiener Becken ist ein uralter Siedlungsraum. Durch seine Lage an der Donau und am Nordostsporn der Alpen war Wien von allem Anfang an prädestiniert, Drehscheibe zwischen den deutschen Ländern und Ungarn, zwischen den nördlichen und nordöstlichen Ländern Europas und dem Süden, der Adria, Italien und der Balkanhalbinsel, zu werden. Gleichzeitig aber – wohl aufgrund eben dieser zentralen Lage und der Funktion als Schnittstelle – war Wien stets auch Grenzposten, Limes oder Bollwerk.

Diese beiden Funktionen Wiens, die eines Bindeglieds einerseits und einer Trennlinie andererseits, haben ganz wesentlich die Muster der Besiedelung und die Strukturen von Wirtschaft und Verkehr geprägt: Die mittelalterlichen Fernverbindungen, die Ausfallstraßen der Stadt, entwickelten sich teilweise aus römischen Verbindungswegen. Sie gingen aus von den fünf Haupttoren der Stadt: vom Schottentor nach Nordwesten entlang der Donau (heute Währinger Straße, Heiligenstädter Straße), vom Burgtor nach Westen (heute Linzer Straße), vom Kärntner Tor nach Süden (Triester Straße), vom Stubentor nach Südosten, nach Ungarn (Landstraße), und vom Roten-Turm-Tor nach Norden bzw. nach Nordosten (Prager Straße, Brünner Straße).

Diese mittelalterlichen Fernverkehrswege verbanden Wien mit sehr unterschiedlichen und vielfältigen Regionen, so daß ganz spezifische Einflüsse nach Wien gelangen konnte.[1] Das Umland von Wien war bereits im Mittelalter aufgrund sehr unterschiedlicher Wechselbeziehungen mit der Region alles andere denn einheitlich. Wien verstand es, die für die eigene Entwicklung nützlichen Einflüsse an die Stadt heran- und in die Stadt hereinzulassen, diese fremden Einflüsse aufzunehmen, zu transformieren und auch wieder weiterzugeben.

Als viel später eine Befestigungsanlage (der Linienwall) halbkreisförmig an die inneren Wiener Vorstädte angelegt wurde, mußte man bei den Durchlässen, den Linientoren, auf die alten Ausfallstraßen und die ursprünglichen räumlichen Gliederungen des Stadtgebietes Bedacht nehmen.

Dieser uralten Verbindungsfunktion Wiens, dieser Offenheit gegenüber reichen und bereichernden Einflüssen aus fernen Ländern, stand seit jeher die Notwendigkeit des Schutzes vor Angriffen und Übergriffen gegenüber. So befruchtend die alten Fernverkehrsverbindungen für den Wiener Raum wirkten, so sehr stellten sie auch ein immer größeres Bedrohungspotential dar, je attraktiver Wien wurde. Wien war daher seit frühen Zeiten immer auch Festung, Verteidigungsbezirk und Wehrburg in einem. Dabei hinterließen die durch das Wachsen der Stadt immer weiter nach außen verlegten Wehr- und Befestigungslinien unterschiedlich starke Spuren bzw. bleibende Auswirkungen. Die Mauern des Römerlagers Vindobona, die ersten befestigten Siedlungen um St. Ruprecht und St. Peter, die babenbergische Stadtmauer und die Vorstadtbefestigungen aus der Zeit der osmanischen Bedrohung beschränkten den Zugang zur Stadt auf eigens befestigte Tore. Der Raum, den diese Befestigungsanlagen beanspruchten, konnte später jeweils für städteplanerische Entscheidungen und Eingriffe genutzt werden.

Das Streben nach möglichst großer Sicherheit gegen äußere Feinde war in Wien, dem „Bollwerk des Abendlandes", wesentlich länger vorherrschend als in anderen europäischen Metropolen. Während die Pariser Befestigungsanlagen bereits unter dem Sonnenkönig Ludwig XIV. (1643–1715) zu großzügigen Boulevards umgestaltet wurden, bestimmte in Wien noch die Notwendigkeit der Erhaltung, ja sogar des Ausbaus der Schutzanlagen die städtebauliche Entwicklung.

Die Ausrichtung auf den Außenhandel und die Funktion als Hauptstadt einerseits sowie die Bewahrung der Befestigungsanlagen gegen äußere und innere Bedrohungen andererseits beeinflußten die städtebaulichen Entscheidungen bis zu jener Phase, in der es zur Anlage der Gürtelstraße und zu anderen wichtigen Planungsentscheidungen – etwa der Donauregulierung, dem Bau der ersten Wiener Hochquellwasserleitung, der Wienfluß-Regulierung und später der Schaffung des Wald- und Wiesengürtels – kam. Die geschilderten Ausgangsbedingungen der Stadtentwicklung in Wien sind wesentlich für das Verständnis jener Prozesse, die zur Strukturierung der Stadt und der städtischen Funktionen geführt haben, und sie fanden gerade am Gürtel und in seinem Umland einen deutlichen Niederschlag.

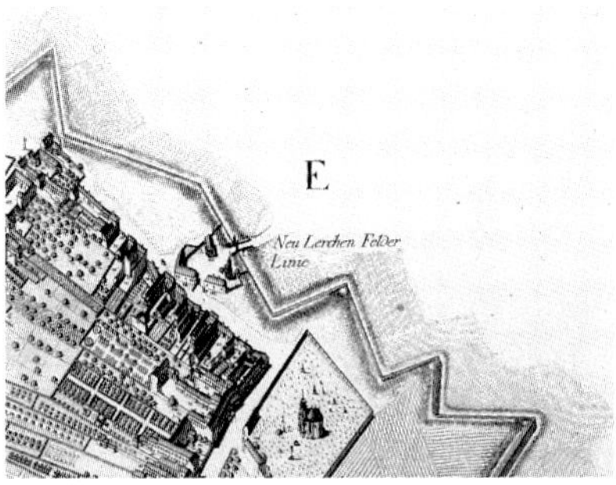

Neulerchenfelder-Linie

Alte Grenzen und ihre Überwindung

Die Anlage und Ausgestaltung der Gürtelstraße wurde erst durch die Beseitigung der Befestigungsanlage des Linienwalls möglich. Lage und Funktion des Linienwalls wiederum werden nur durch einen Blick zurück auf die vorangegangenen Phasen der Stadterweiterung verständlich.

Gegen Ende des ersten nachchristlichen Jahrhunderts wurde in einem Teilbereich der heutigen Innenstadt, nahe dem Donaukanal – damals der Donau –, ein römisches Militärlager in den Dimensionen 456 x 531 Meter zum Schutz des sogenannten Limes, der Außengrenze des römischen Reiches, errichtet. Etwa gleichzeitig entstand im Bereich des heutigen 3. Bezirks eine römische Zivilstadt. Dieses Lager wurde zwar in der Völkerwanderungszeit zerstört, dennoch lassen archäologische Funde mit Sicherheit darauf schließen, daß es auch nach dessen Fall eine fortgesetzte Besiedelung innerhalb der ehemaligen Lagermauern gab.

Neben dieser alten Siedlung (einer Stadtburg) im Bereich des Römerlagers entwickelten sich im frühen Mittelalter, etwa ab dem 9. Jahrhundert, rund um die ältesten Wiener Kirchen (St. Ruprecht, St. Peter und Maria am Gestade) wehrhafte Kirchen-

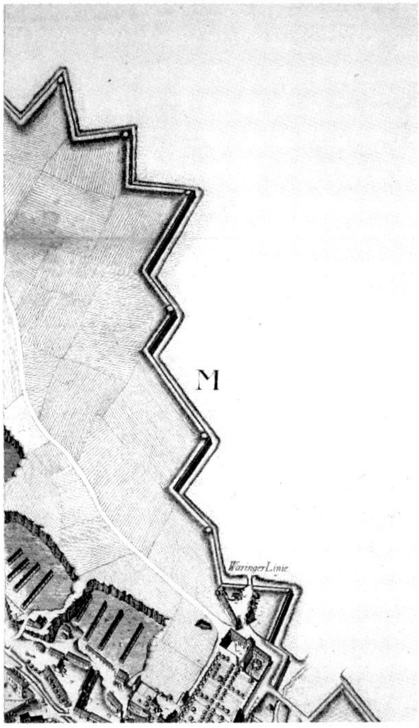

Währinger-Linie

siedlungen in Form von unregelmäßig gewachsenen Dörfern. Nach und nach entstanden in der Gegend des heutigen 1. Bezirkes bis hin zur alten Limesstraße (heute Herrengasse – Augustiner Straße) weitere befestigte Ansiedlungen, frühe „Vorstädte", in engem räumlichen Kontakt zum ursprünglich römischen Kern der Altstadt. Ziemlich sicher erfüllten diese befestigten Ansiedlungen bereits bestimmte Funktionen, etwa die des Fernhandels mit einzelnen Städten und Regionen.

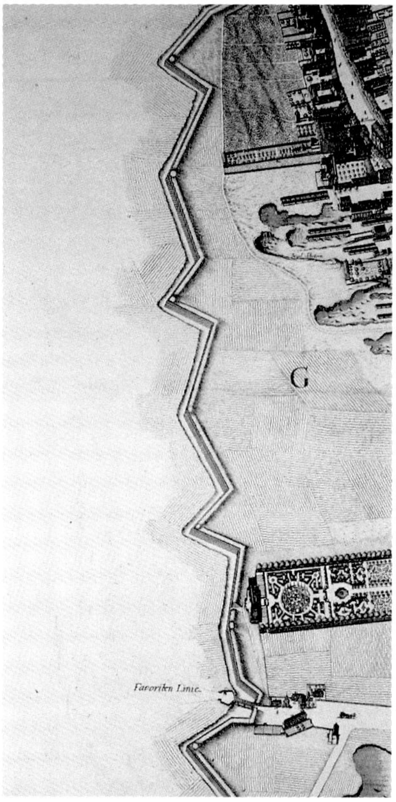

Favoritner-Linie

1137 erfolgte ein erster Bau des heutigen Stephansdomes durch das Bistum Passau am Kreuzungspunkt der bereits stark frequentierten Nord-Süd- mit der Ost-Westachse. Im selben Jahr kam es zu einer Stadterweiterung bis zur heutigen Singerstraße und Riemergasse. 1155 verlegte der Babenberger Heinrich II. – die Stadt stand seit etwa zwei Jahrzehnten im Besitz der Babenberger – seine Residenz nach Wien in den Bereich des heutigen Platzes „Am Hof". Bereits ein Jahr später (1156) wurde Österreich durch das sogenannte „Privilegium minus" zum Herzogtum, wodurch die wirtschaftliche und kulturelle Bedeutung Wiens erheblich stieg.

Aufgrund des Bevölkerungswachstums wurde es innerhalb der babenbergischen Stadtmauern bald zu eng, so daß unter den Herzögen Leopold V. und Leopold VI. Ende des 12. Jahrhunderts (ca. 1180–1198) eine planmäßige und großzügige Stadterweiterung sowie die Anlage wichtiger neuer Verkehrsverbindungen, insbesondere der Kärntner Straße als Ausfallstraße Richtung Süden, vorangetrieben wurden. Als Schutz diente eine etwa dreieinhalb Kilometer lange Ringmauer, die teils neu errichtet, teils im Bereich der bestehenden alten Fortifikationen verstärkt wurde. Diese Stadtmauer verlief im großen und ganzen etwa einen (heutigen) Häuserblock innerhalb der Ringstraße.

Nach der babenbergischen Stadterweiterung blieb der Grundriß Wiens im wesentlichen bis zur Anlage der Ringstraße unter Kaiser Franz Joseph I. Mitte des 19. Jahrhunderts unverändert. Diese zunächst großzügig angelegte Außengrenze erwies sich jedoch schon bald als zu eng für die seit 1221 auch formal mit dem Stadtrechtsprivileg ausgestattete Handelsdrehscheibe Wien.

Hundsthurmer-Linie

So entstanden außerhalb der babenbergischen Ringmauer etwa bei der heutigen „Zweierlinie" (Landesgerichtsstraße) erste Vorstädte. Nach dem Aussterben der Babenberger (1246) kam Wien von 1251 bis 1276 unter die Herrschaft des Böhmenkönigs Ottokar. Dies brachte der Stadt nicht nur weiteren wirtschaftlichen Aufschwung, sondern auch eine Erneuerung der Befestigungen und die erste Anlage der Hofburg.

Nach einem Vierteljahrhundert ging die böhmische Herrschaft zu Ende, und die Habsburger gelangten an die Macht. Allerdings war ihre Herrschaft zu Beginn noch wenig gefestigt, und so führte die politische Unsicherheit, zusammen mit verheerenden Brandkatastrophen in der zweiten Hälfte des 13. Jahrhunderts und einem verschlechterten Stadtrecht von 1296, zu vorübergehenden Rückschlägen.

Doch bereits im 14. Jahrhundert erlebte Wien unter den Habsburgern einen neuen Aufschwung: Prachtvolle gotische Bauten, von denen heute lediglich einige Kirchen erhalten geblieben sind, entstanden. 1365 gründete Herzog Rudolf IV. der Stifter in Wien die erste Universität im deutschen Sprachraum. Auch in den Fernhandel wurde weiter investiert, etwa durch die Errichtung von vier festen Holzbrücken über die Donau (1439).

Ab Mitte des 15. Jahrhunderts war Wien meist Residenz der römisch-deutschen Kaiser und unumstrittenes kulturelles Zentrum des Humanismus.

Gegen Ende des 15. Jahrhunderts begann für Wien jedoch eine Phase politischer und kriegerischer Erschütterungen, und die Stadt gelangte durch Matthias Corvinus kurzfristig unter ungarische Herrschaft (1485–1490). Wiederholte Kämpfe der BürgerInnen gegen die habsburgische Herrschaft endeten mit dem Sieg des Landesfürstentums und einer massiven Einschränkung der städtischen Autonomie durch die Stadtordnung von 1526.

Etwa zur gleichen Zeit rückten osmanische Heerscharen nach und nach gegen Westen vor. Insbesondere für die außerhalb der Stadtmauern liegenden Ansiedlungen und Vorstädte Wiens bedeuteten diese Vorstöße eine ständige Bedrohung, welche die Dynamik der Stadtentwicklung bremste und eine Beseitigung der viel zu engen Befestigung unmöglich machte. 1529 konnte die erste Türkenbelagerung durch die Verteidiger Wiens unter Graf Salm zwar erfolgreich abgewehrt werden, aber die Gefahr war damit nicht beseitigt, sondern lebte im Bewußtsein der WienerInnen weiter.

Während der ersten Türkenbelagerung hatte sich die mittelalterliche Befestigung als überaltert erwiesen, und als die Habsburger 1533, nach der Abwehr des osmanischen Heeres, Wien zur Hauptresidenz ihres Großstaates machten, wurden die alten Schutzanlagen unter Beiziehung deutscher und italienischer Fachleute modernisiert: Da eine großzügigere Neuanlage weiter draußen wegen der latenten Gefahr nicht angezeigt schien, entstand in den alten Grundrissen eine neue und wesentlich verstärkte Renaissancefestung.

Die habsburgische Residenz zog zahlreiche Hofbeamte nach Wien und ließ die Nachfrage von Mitgliedern des Hofes und des Adels nach großflächigen Baugrundstücken in der Wiener Innenstadt steigen. Oftmals wurden zwei bis drei bürgerliche Althäuser aufgekauft und sodann die schmalen mittelalterlichen Grundstücke zusammengelegt, um ein repräsentatives adeliges Bauvorhaben – meist im barocken Stil – verwirklichen zu können. Die Klosterneugründungen im Zuge der Gegenreformation hatten ein übriges getan, den ohnehin knappen Wohnraum der Wiener Bevölkerung weiter zu reduzieren. Nach und nach wandelte sich so die Wiener Altstadt zur barocken Residenz, zum Verwaltungszentrum und bevorzugten Sitz kirchlicher Einrichtungen. Der Wiener Bürgerschaft blieb nichts anderes übrig, als in die freien Räume jenseits der Mauer auszuweichen.

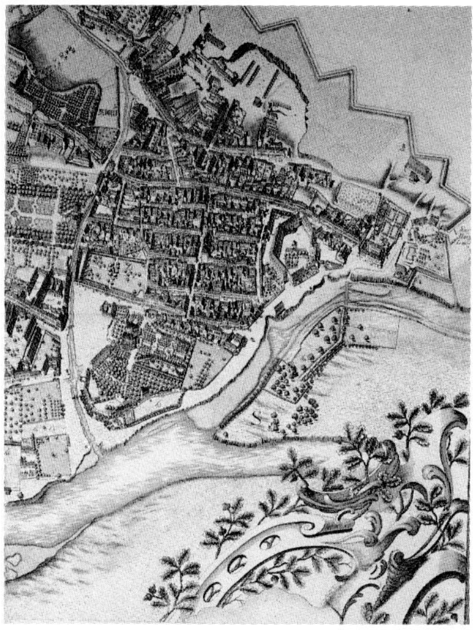
Nußdorfer-Linie

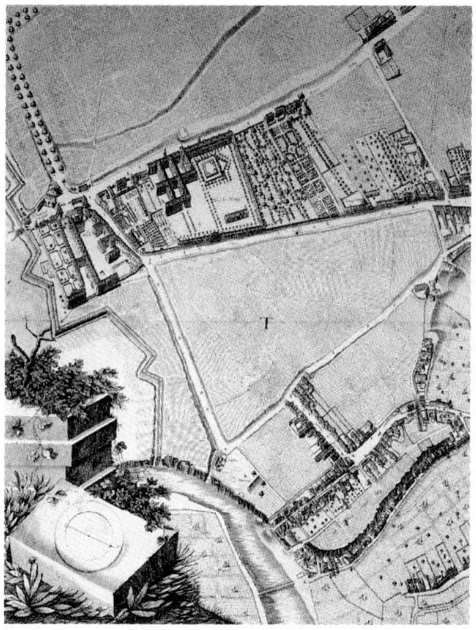
St.-Marxer-Linie

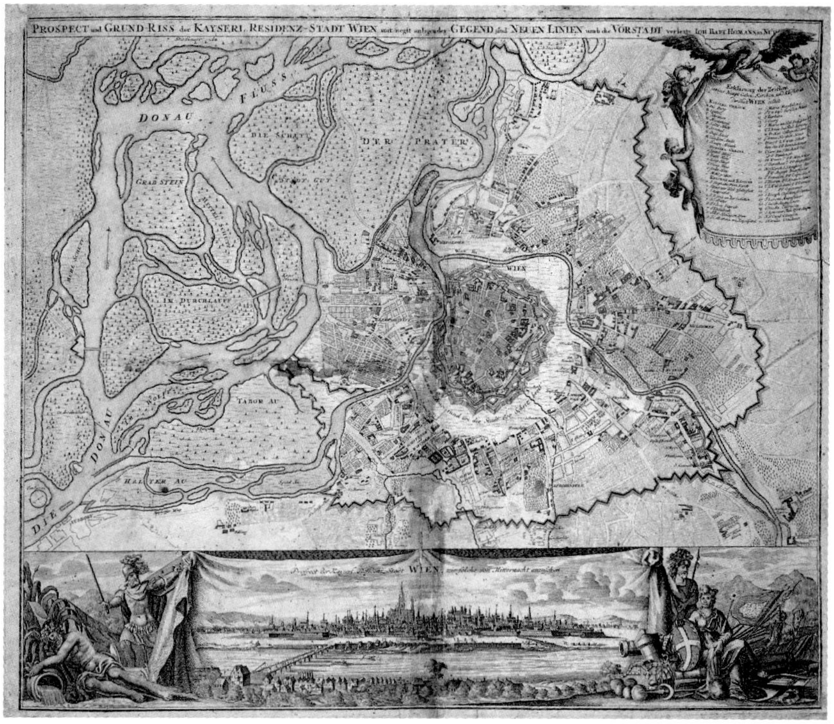

„Prospect und Grund-Riss der Kayserl. Residenz-Stadt Wien mit negst anligender Gegend und Neuen Linien umb die Vorstädt". Kolorierter Stich von Johann Baptist Homann aus dem „Großen Atlas über die Neue Welt", Nürnberg 1702

Während um 1500 außerhalb der mittelalterlichen Mauern nur einige wenige dörfliche Ansiedlungen, vor allem im Nahbereich der Ausfallstraßen, neben Wein- und Ackerbausiedlungen existiert hatten, setzte nach der zweiten Türkenbelagerung in diesen Regionen eine besonders dynamische Entwicklung ein. Die Beendigung der für Wien äußerst bedrohlichen und für viele Dörfer im weiteren Umfeld der Stadt verheerenden zweiten Türkenbelagerung durch den Sieg des internationalen Entsatzheeres führte zu einem Aufblühen der Stadt in ihrem Zentrum und den Vorstädten. Hof, Adel, Kirche und Bürgertum wetteiferten unter den Barock-Kaisern Leopold I., Joseph I., Karl VI. und deren Ratgeber Prinz Eugen von Savoyen in ihrer Bautätigkeit. In knapp 90 Jahren, zwischen 1683 und 1770 verdoppelte sich die Einwohnerzahl in den Wiener Vorstädten von 80 000 auf 160 000.

Neben der Bautätigkeit im Stadtzentrum entstanden auch in den Vorstädten ansehnliche Bürgerhäuser sowie Adelspaläste und Gartenschlösser (Schloß Belvedere des Prinzen Eugen, Schloß Schönbrunn als Sommerresidenz des Hofes). Ein dichter Kranz von Vorstädten entwickelte sich, der unterschiedliche Funktionen erfüllte: Wohnraum für die Wiener Bevölkerung, Handels- und Gewerbebereiche entlang der Ausfallstraßen, Garten- und Versorgungsgebiet sowie Repräsentations- und Erholungsraum. Zwischen der Befestigungsanlage des Zentrums und den ersten Gebäuden der Vorstädte mußte aus militärischen Gründen eine Bauverbotszone von 500 Meter strikt eingehalten werden.

Der Linienwall – Eine Zollgrenze prägt die Stadtentwicklung

Der Beginn des 18. Jahrhunderts brachte für die österreichischen Länder wieder unruhige Zeiten. 1703/04 bildete sich in Ungarn unter Franz II. Rákóczy die aufständische Bewegung der Kuruzzen, welche bis nach Niederösterreich und in den Wiener Raum vorstießen.

Am Matzleinsdorfer Linienwall in Wien 5. Photographie, um 1890

Der Linienwall beim heutigen Matzleinsdorfer Platz. Das Haus mit dem Türmchen steht heute an der Ecke Reinprechtsdorfer Straße. Hinter dem Wall die „Delinquentenkapelle", bei der die zur Hinrichtung Verurteilten auf dem Weg zur Spinnerin am Kreuz ihr letztes Gebet verrichteten. Photographie von Karl Demel, 1893

Im März 1704 erreichten die Übergriffe der Kuruzzen einen Höhepunkt. Matthias Fuhrmann berichtet darüber: „Den 13. Martii, als am h. Ostertage, entstund derohalben um die Mittags-Zeit, aus Forcht für die Rebellen, ein solcher Allarm dahier, in der Stadt sowohl, als sonderlich in den Vorstädten, daß alles voller Schröcken vom Tisch aufstunde, hier und dar hinflohe, und alles ligen und stehen liessen, nicht anders, als ob die Rebellen schon würcklich vor der Stadt selbst wären, welche aber nicht weiter, als biß über St. Marx herein gegen die Vorstadt, Landstraß genannt, gestreiffet, und nebst anderen Würth, zum Hahnen, erschossen.

Man machte also eylfertige Anstalten zu behörgier Gegenwehr, und der Römische König ritte selber nachmittag, in Begleitung vieler Cavalier, berittenen Burgern und Miliz, vom Wiener-Berg biß nach St. Marx, und recognoscirte an allen Orten, allein es war nichts mehr zu sehen, die Rebellen hatten sich gar geschwind wiederum retirirt."[2]

Der Tod des Hahnen-Wirts auf der Landstraße und einige Scharmützel in Niederösterreich beschleunigten die Planungen eines Linienwalls, und bereits am 24. März genehmigte Kaiser Leopold das Projekt. Das Hof-Commissions-Decret über die Befestigung der Vorstädte Wiens durch Linien verfügte, „dass alle inner der designirten Linie wohnenden, von achtzehn bis sechzig Jahr alte Leute ohne Ausnahme, Adel und Unadel, Geist- und Weltliche, Herr und Knecht, Frau und Dirn, Hiesige und Fremde, Kopf für Kopf zu dieser Arbeit sine respectu personarum mit allem Nachdruck, auch wo es vonnöthen mit Ernst und Schärfe die gesammte Hand anzulegen" hätten und man „... mit dem zehnten Mann oder Kopf, so aus jedem Hause unter den bestellten Rottenmeistern früh Morgens zum Schanzen hinauszuziehen hätten, den Anfang machen könnte."[3]

Lange schon hatte Prinz Eugen gedrängt, die Umgebung der Wiener Festung besser zu schützen, vor allem in Richtung Norden, zur Donau hin. Nun hatten die ständigen Mahnungen des Militärs zu einem konkreten Festigungsvorhaben geführt, und zwar nicht nur für die Leopoldstadt, sondern für den gesamten Kranz der Wiener Vorstädte. Unter Leitung des Hofmathematikus Jakob Marinoni wurde unverzüglich mit dem Bau des Erdwalls begonnen. Der Verlauf entsprach etwa der heutigen Gürtelstraße, war aber zackig und unregelmäßig, mit Vorsprüngen und Einbuchtungen. Er deckte sich aber weder mit der weiter ins Umland hinausreichenden Schutzzone der Festung Wien, dem „Burgfried", noch mit dem politischen Herrschaftsbereich des Wiener Magistrats. Die am Bau beteiligten Bürger/Innen – täglich ungefähr 1 000 Personen zwischen 18 und 60 Jah-

Reste des Linienwalls bei der Kreuzung Kliebergasse – Margaretengürtel. Photographie von Karl Demel, 1893

ren – mußten sich selbst mit Werkzeugen ausstatten und arbeiteten unentgeltlich. Eine im Jänner und neuerlich im Juni beschlossene Schanzsteuer zur Finanzierung des Vorhabens blieb ziemlich unergiebig, so daß die Arbeiten unter dauerndem Geldmangel litten.

Anfang Juni 1704 attackierten die Kuruzzen wiederum Niederösterreich und Dörfer im Großraum Wien. Am 11. Juni wurden sie abgewehrt und zurückgeschlagen. Der erst in Bau befindliche Linienwall hatte die erste und einzige Feuerprobe als Befestigungsanlage überstanden. Wegen der andauernden Geldknappheit wurde der 13,5 Kilometer lange und etwa 4 Meter hohe Linienwall erst Jahre später vollendet, also zu einer Zeit, da er keine Verteidigungsfunktion mehr erfüllte.

Nicht nur der Bau des Walles und des Grabens davor krankte an Finanzknappheit, sondern auch dessen regelmäßige Bewachung. An den Dienst regulärer Truppen samt Ausstattung und geeigneten Befehlshabern war nicht einmal zu denken. Der Linienwall wurde daher zunächst von den VorstadtbewohnerInnen selbst bewacht, und schließlich – nachdem sich diese Lösung als unhaltbar erwiesen hatte – durch 600 Soldaten der Stadtguardia. Angesichts der geringen Besoldung und der langen Zahlungsrückstände (bis zu drei Jahren) waren die Soldaten gezwungen, Nebenerwerbstätigkeiten im Handwerk oder im Handel anzunehmen, so daß auch dieses Modell der Bewachung scheiterte. Maria Theresia löste schließlich 1741 die Wiener Stadtguardia auf und bestellte die Invaliden des Armenhauses zu Wächtern des Bollwerks, was die militärische Bedeutungslosigkeit des Baus unterstrich. Strengen Verboten zum Trotz nutzten die Wächter den zunächst mit Baumstämmen aus dem Wienerwald und um 1730 mit Ziegeln befestigten Wall bisweilen als Obstgarten, und manche StadtbewohnerInnen beschafften sich hier auch Baumaterial. Die Schutzfunktion hatte mithin höchstens eine psychologische Bedeutung. Doch bereits 1705, im Jahr nach Beginn der Bauarbeiten, übernahm der Linienwall eine für die weitere Stadtentwicklung bestimmende Rolle als Maut- und Zollgrenze.

Linienwall am Wiedner Gürtel.
Photographie von Edmund Tietz, um 1898

An den mit Zugbrücken ausgestatteten Linientoren wurde eine Pferde- und Wegmaut eingehoben, und auf Konsumgüter schlug man Zölle auf.

Schon um 1700 war die Einfuhr bestimmter Artikel in die Stadt bzw. in die Vorstädte mit Aufschlägen auf den Warenwert belegt worden. Diese „Stadtzölle" wurden vor Schranken an den Wiener Stadteinfahrten eingehoben. Es war daher relativ leicht, die Zahlung der Aufschläge durch Umgehung der offiziellen Straßenzüge und der Schranken zu vermeiden. Schon im Herbst 1704, also nur wenige Monate nach Fertigstellung des noch nicht gemauerten Erdwalles am 11. Juli, gab es konkrete Vorstellungen zur Verlegung der Abgabeneinhebung an den Linienwall. Bereits 1705 wurden diese Pläne konkretisiert und die Aufschlagsämter zum Linienwall verlegt. Diese fiskalische Funktion der Befestigungsanlage sicherte ihr Weiterbestehen bis zum Ende des 19. Jahrhunderts. Die Reiseführer der damaligen Zeit informierten Händler und Reisende über das komplizierte System von Mauten und Zöllen. Mehr als 100 Jahre später (1811) wurde der Stadtmaut-Tarif vereinheitlicht, bevor er 1829 durch die „Allgemeine Verzehrungssteuer", ein einheitliches System, das die gesamte Monarchie umfaßte, ersetzt wurde. Diese Steuer bezog sich auf alle Lebensmittel und Getränke einschließlich lebendes Vieh, auf Brennmaterial und die Erzeugung von Rum, Arrak, Punschessenz, Rosolio, Likör, alle versüßten geistigen Getränke, Branntweingeist und Branntwein. Der Verzehrungssteuer wurden für Wien bzw. für andere geschlossene Orte (Provinzstädte) unterschiedliche Gemeindezuschläge hinzugerechnet. Die Auswirkungen der Verzehrungssteuer für die Stadtentwicklung waren gewichtig; es entstand eine fiskalische Trennlinie zwischen den Vorstädten innerhalb des Linienwalls und den steuerlich weniger belasteten Vororten.

Seit der Errichtung des Linienwalls hatte die Bevölkerung immer wieder Übergänge über den Wall geschaffen, teils um sich weite Umwege zu den wenigen Toren (ursprünglich neun an der Zahl) zu ersparen, teils um Waren in die Stadt zu schmuggeln. Außerhalb des Linienwalls, namentlich in Hernals und Neulerchenfeld, entwickelten sich Wirtshauszentren. Dort konnten Speisen und Getränke wesentlich billiger angeboten werden als von der Konkurrenz innerhalb des Linienwalls.

Aber nicht nur die Wirtshäuser und Märkte außerhalb der Linie boomten, sondern nach und nach führte das insgesamt erheblich niedrigere Niveau der Lebenshaltungskosten im Bereich der Vororte zu einer Art „Klassengeographie“. Innerhalb des Linienwalls konzentrierten sich die Wohngebiete der Wohlhabenden, außerhalb des Verzehrungssteuerbereichs rohstoffintensive Produktionen und die Ansiedlungen der ArbeiterInnen.

Die k.k. Thier Arzney-Schule. Im Vordergrund der Wiener Neustädter Kanal. Lithographie, um 1820

Ohne den Linienwall und die dadurch bewirkte Erhöhung der Attraktivität der zentrumsnahen Vorstädte als vornehme Wohngegenden wäre vermutlich im Bereich der heutigen Gemeindebezirke innerhalb des Gürtels keine so hohe Verbauungsdichte entstanden; andererseits wurde durch die Steuergrenze an der Linie eine Ansiedelung rohstoff- und arbeitsintensiver Industriebetriebe innerhalb der Linie gebremst und damit ein mögliches Standortproblem gemildert. Gleichzeitig band die städtische Zollgrenze Arbeitskräfte und Gewerbebetriebe, die von der Kaufkraft im Zentrum lebten, an sich – noch gab es ja keine leistungsfähigen Massenverkehrsmittel. Auf diese Weise wurden eine völlige Zersiedelung des Wiener Umlandes und die Zerstörung des Wienerwaldes verhindert. Obwohl die Verzehrungssteuer samt dem der Stadt Wien zustehenden Zuschlag (ohne besondere Genehmigung des Landtags maximal ein Viertel der landesfürstlichen Steuer) eine Vereinheitlichung des extrem unübersichtlichen und verwirrenden Systems staatlicher und städtischer Mauten und Zölle brachte, war sie bei der Bevölkerung nicht akzeptiert, ja nahezu verhaßt. Zum einen gab es schon für das alte System Ausnahmen für die oberen Stände, für Prälaten, Herren und Ritter, zum anderen herrschte an den Linien ein enormer Bürokratismus: Die eingeführten Waren und Artikel mußten gezählt, gemessen und gewogen werden, was teilweise zu massiven Behinderungen der Austauschprozesse zwischen der Stadt und dem Umland führte. Die Besoldung der an der Linie tätigen Steuereinheber war eher gering, doch hatten sie das Recht, pro eingenommenem Gulden einen Groschen für sich zu

Nr. 317· Wien, Mittwoch Illustrirtes Wiener Extrablatt 18. November 1903 Seite 5

Das letzte Stück Linienwall bei der ehemaligen St. Marxer-Linie.

„Das letzte Stück Linienwall bei der ehemaligen St.-Marxer-Linie.“ Aus: „Illustrirtes Wiener Extrablatt“ vom 18. November 1903

Der Linienwall in Wien 5, beim heutigen Margaretengürtel. Photographie, um 1890

behalten. Dieses Eigeninteresse an möglichst hohen Steuereinnahmen führte zu einer besonders akribischen Überwachung der Einfuhren und teilweise zu Schikanen beim Überschreiten der Linie. So gibt es Berichte über Vorfälle, daß hilfsbereite BürgerInnen, die zur Bekämpfung einer Feuersbrunst rasch die Linie queren wollten, an der Bürokratie der Finanzbeamten scheiterten. Ebenso sind zahlreiche Beschwerden über unhöfliche, unfreundliche und uneinsichtige Steuereinheber dokumentiert.[4] Auch Zugpferde sollen an der Linie zu Schaden gekommen sein, weil stundenlange Wartezeiten eine rechtzeitige Labung der Tiere verhinderten.

So ist es nicht verwunderlich, daß bei der versuchten Revolution im Frühjahr 1848 der freigewordene Unmut der Bevölkerung dazu führte, daß die Maut- und Zollgebäude an der Mariahilfer-Linie in Brand gesteckt und das Personal mißhandelt wurde. Für einige Tage wurde daraufhin von der Einhebung der Verzehrungssteuer Abstand genommen. Viele versuchten trotz teilweise hoher Strafen, der als ungerecht empfundenen Steuer durch Schmuggel, verschiedene Tricks oder falsche Deklaration der Waren zu entgehen.

Die Unterschiede in den Lebenshaltungskosten innerhalb und außerhalb der Linie waren groß. Die Preise für lebensnotwendige Artikel waren in den Vororten um etwa zehn Prozent niedriger als innerhalb des Walles. Eine Gegenüberstellung aus dem Jahr 1881 gibt die Pro-Kopf-Belastung im Zentrum und den Vorstädten mit 12 Gulden 25 Kreuzer jährlich an, während in den Vororten im Durchschnitt nur 1 Gulden 14 Kreuzer pro BewohnerIn entrichtet wurde. Innerhalb des Linienwalls mögen zwar manche wohlha-

Die Mariahilfer-Linie während der Belagerung durch die k.k. Truppen am 26. Oktober 1848. Lithographie, 1848

bende BürgerInnen die Verzehrungssteuer als erwünschten Schutz vor der Ansiedelung ärmerer Menschen begrüßt haben, Vertreter der Wirtschaft und des Wiener Gemeinderates liefen jedoch ab etwa 1860 gegen die willkürliche Steuergrenze Sturm. Die weniger belasteten Vororte hatten sich derart dynamisch entwickeln können, daß der Linienwall mittlerweile eine anachronistische, wehrtechnisch gänzlich unbrauchbare und nur noch fiskalisch begründete Grenze innerhalb der eigentlich schon zusammengewachsenen Stadt darstellte.

Freilich trachtete der Wiener Magistrat nicht danach, die Verzehrungssteuer abzuschaffen, sondern wollte vielmehr ihren Geltungsbereich auf die Vororte ausdehnen. Diese wiederum fürchteten um ihre ökonomischen Standortvorteile und wehrten sich massiv. Schließlich wurde mit Wirkung vom 20. Dezember 1891 der Geltungsbereich der Verzehrungssteuer doch auf die Vororte erweitert. Allerdings erfolgte gleichzeitig eine dramatische Reduktion der steuerpflichtigen Artikel von 220 auf 34. Im wesentlichen blieben nur noch alkoholische Getränke, Fleisch und Fisch der Verzehrungssteuerpflicht unterworfen. Durch die Erweiterung des Verzehrungssteuer-Rayons fiel die jahrzehntelange Hauptfunktion des Linienwalls weg. Erst diese steuerrechtliche Maßnahme machte die längst fällige städtebauliche Verbindung Wiens mit seinen Vororten möglich. Der Druck in Richtung einer Durchführung der Steuerreform war gerade durch die so unterschiedliche Auswirkung der Verzehrungssteuer in den Vorstädten einerseits und den Vororten andererseits entstanden. Das rasche wirtschaftliche und soziale Wachstum der Wiener Vororte war durch die geringere Besteuerung ermöglicht worden; die eben dadurch bewirkte Zuwanderung in die Vororte zwang die Politik zum Handeln. In ihrem erweiterten Geltungsbereich blieb zwar die Verzehrungssteuer noch bis in die Zwischenkriegszeit bestehen, verlor dann im Zuge des allgemeinen Währungsverfalls ihre Bedeutung und wurde im Jahr 1922 endgültig abgeschafft.

Die erste Stadterweiterung – Wien dehnt sich bis zum Linienwall

Bei der Anlage des Linienwalls zielten die dominierenden strategischen Überlegungen darauf ab, ein einigermaßen halbkreisförmiges Gebiet rund um das Zentrum zu schaffen. Im Süden Wiens wurden einige Ansiedelungen durch den Bau des Linienwalls geteilt (Hundsthurm, Matzleinsdorf, Wieden und Landstraße). Dabei spielte auch die Dichte der Besiedelung eine Rolle, da im Nordwesten und Westen der Stadt um 1700 mehr Menschen in den relativ kleinen und eng nebeneinanderliegenden Orten lebten als im dünn besiedelten Süden mit seinen weitläufigen Gemüse- und Ackerbauflächen.

Der Wiener Neustädter Kanal vor der ehemaligen Tierärztlichen Hochschule im 3. Wiener Gemeindebezirk. In der ursprünglichen Fahrrinne des Kanals befindet sich heute die Trasse der Wiener Schnellbahn. Aquarell, um 1830

Bierkutscher an der Lerchenfelder-Linie. Lithographie nach einer Zeichnung von Josef Gerstmeyer, um 1835

Jedenfalls waren die verschiedenen Ansiedelungen innerhalb des Linienwalls zur Zeit seiner Errichtung noch nicht zu einem einheitlichen städtischen Gebiet zusammengewachsen. Es fanden sich noch viele unverbaute Flächen, die im Falle militärischer Bedrohung als Aufmarschraum für Verteidigungstruppen dienen sollten bzw. für die vorübergehende Selbstversorgung Wiens mit Nahrungsmitteln im Krisenfalle bestimmt waren.

Ursprünglich stellte der Wall für die Bevölkerung noch keine unzumutbare Trennlinie dar; die Besiedelung außerhalb der Befestigung war relativ dünn, die Nutzung der Flächen überwiegend agrarisch, so daß ein täglicher Austauschprozeß mit der Stadt nicht erforderlich war. Die eben erst abgewendete Gefahr einer osmanischen Invasion und die fortgesetzten Übergriffe von Aufständischen taten das Ihrige, daß das Befestigungswerk von der Bevölkerung zunächst akzeptiert wurde.

Vor dem etwa vier Meter hohen und an seinem Fuß bis zu fünf Meter breiten Wall verlief ein zirka vier Meter breiter und drei Meter tiefer Graben, dessen Aushubmaterial den Wall bildete. Dieser von Menschenhand angelegte Hügel zog sich in einer Länge von ungefähr 13,5 Kilometer halbkreisförmig um die Stadt und stieß bei der Spittelau und in St. Marx an die damals noch unregulierte Donau, die dort dem Wall immer wieder zusetzte. An den neun Toren befanden sich ursprünglich hölzerne Zugbrücken, die durch aufgeschüttete Straßenquerungen ersetzt wurden, nachdem sich das einstige Befestigungswerk zur Steuergrenze gewandelt hatte. Am Fuß des Grabens wurde ein Wasserdurchlaß ausgemauert. Unmittelbar innerhalb des Walls nahe den Linientoren (ursprünglich St. Marxer, Favoritner, Matzleinsdorfer, Schönbrunner, Mariahilfer, Lerchenfelder, Hernalser, Währinger und Nußdorfer Tor) hatte man Gebäude für die Wachmannschaften (jeweils etwa 60 Personen) vorgesehen. Die gleich außerhalb des Walls an den Durchlässen errichteten barocken Kapellen waren mit Ausnahme des Baus an der Matzleinsdorfer-Linie, dem letzten Gotteshaus vor der Richtstätte Zur Spinnerin am Kreuz, dem heiligen Nepomuk geweiht. Heute ist lediglich die Kapelle an der ehemaligen Hundsthurmer-Linie erhalten. Sie steht im St.-Johann-Park nahe dem Margaretengürtel. In der Nähe der Stelle, wo die Währinger Linienkapelle stand, findet sich heute eine um 1900 von Otto Wagner geplante Kapelle, mit-

Wien 6, Mariahilfer-Linie. Kolorierter Stich von Joseph und Eduard Gurk, 1825

„So kommen's nach Wien." Karikatur aus dem Hans-Jörgl. Ab 1829 wird an den Linienämtern eine Verzehrungssteuer eingehoben. Sie trifft über den Lebensmittelpreis besonders die ärmeren Bewohner der Stadt. Kolorierte Lithographie, um 1830

Die Mariahilfer-Linie während der Belagerung durch die k.k. Truppen im Oktober 1848. Lithographie von Albrecht, 1849

ten zwischen den Gürtelfahrbahnen. Beiderseits des Walles bestand ein Bauverbot-Bereich, der stadtauswärts 100 Klafter (etwa 190 Meter) breit war, stadteinwärts 12 Klafter (rund 23 Meter). Dieser mit Ausnahme von Bewachungsgebäuden und Kapellen freie Streifen bot zu Ende des 19. Jahrhunderts Raum für städtebauliche Projekte.

Nachdem der Wall nach seiner Errichtung zur lästigen Steuergrenze und zum Verkehrshindernis für die Bevölkerung geworden war, ist es nicht verwunderlich, daß sie aus freien Stücken nichts zu seiner Erhaltung beitrug. Die Quellen berichten von andauernden Verfallstendenzen, Regengüsse schwemmten das Erdmaterial teilweise weg, der Graben wurde immer seichter und mußte teilweise sogar als wilde Mülldeponie herhalten. Innerhalb und außerhalb des Linienwalls entstanden ringförmige Straßen und Wege zu den Tordurchlässen. Auf einen derartigen Verbindungsweg geht etwa der heutige Straßenzug Wallgasse – Kaiserstraße bis hin zur Alser Straße zurück.

Bald nach der Errichtung des Linienwalls kam es in der Zeit der Aufklärung unter der Herrschaft von Maria Theresia und Josef II. (1740–1790) zu einer kulturellen und wirtschaftlichen Blüte. Berühmte Komponisten wie Gluck, Haydn und Mozart wirkten in Wien, zahlreiche Theatergründungen (so etwa das alte Burgtheater, 1748) kamen den Bedürfnissen der Bevölkerung nach Unterhaltung entgegen, und die Volkskunst (Stegreifkomödie mit dem Wiener Hanswurst, Wiener Singspiel) entfaltete sich in ungeahntem Formenreichtum.

Das Schulwesen, die Wissenschaft und Medizin (Allgemeines Krankenhaus) wurden gefördert, und effiziente zentralisierte Verwaltungsmechanismen aufgebaut. Aufgrund städtebaulicher und sanitärer Überlegungen ordnete Kaiser Josef II. 1784 die Schließung aller Friedhöfe innerhalb des Linienwalls an. Als Ersatz wurden fünf kommunale Friedhöfe in den Vororten außerhalb der Befestigung errichtet. Die neuen Bestattungsareale erfüllten ihre Funktion bis zur Eröffnung des Zentralfriedhofs 1874. Heute ist nur noch der St. Marxer Friedhof mit dem Grab Mozarts als Freilichtmuseum erhalten, die anderen vier Friedhöfe sind heute Parkanlagen (Waldmüllerpark im 10. Bezirk, Haydnpark im 12. Bezirk, Märzpark im 15. Bezirk und Währinger Park im 18. Bezirk). Ebenfalls in dieser Phase setzte in Wien die Industrialisierung ein (z.B. Gründung der Augarten-Porzellan-Manufaktur 1744). Josef II. ließ Prater und Augarten für die Allgemeinheit öffnen. Die Zentralregierung nahm die Geschicke der Wienerstadt stärker in die Hand, und die Reorganisation des Magistrats führte 1783 vorübergehend zum Ende der städtischen Selbstverwaltung.

Im Jahre 1805 zog die französische Armee gegen Wien. Da der Linienwall keinerlei strategischen Schutz bot und Kaiser Franz II. befahl, die Stadt nicht zu verteidigen, wurden sämtliche Pretiosen des Hofes von Wien wegtransportiert. Die Bevölkerung floh in Massen. Das vollgefüllte Waffenlager fiel den Franzosen in die Hände, und von Mitte November bis Mitte Jänner des Folgejahres

Der Brand in Matzleinsdorf während der Einnahme der Matzleinsdorfer-Linie am 28. Oktober 1848. Kolorierte Lithographie

hielten die napoleonischen Truppen die Stadt besetzt. Beim zweiten Vormarsch der Franzosen auf Wien, im Frühjahr 1809, traf man zwar Verteidigungsvorkehrungen an den Basteien und auch am Linienwall, eine erfolgreiche Verteidigung der Stadt an den überholten Befestigungsanlagen schien jedoch gänzlich ausgeschlossen. Offenbar wollte man eher einer Panik in den Vorstädten begegnen. Die Stadtkassen, Archive und Kostbarkeiten wurden auch im Mai 1809 nach Ungarn in Sicherheit gebracht. Als die französischen Truppen am 11. Mai den Linienwall erreichten, erwarteten sie keine ernsthaften Verteidigungsmaßnahmen auf Wiener Seite. Nicht länger als fünf Stunden dauerte die Besetzung der Vorstädte, dann mußte Wien kapitulieren. Der Stadtkommandant Erzherzog Maximilian konnte sich mit einem Großteils des Heeres über die Donau absetzen und ließ anschließend die Taborbrücke niederbrennen.

Von Mitte Mai bis zum 20. November blieben die Franzosen in Wien. Die Bevölkerung hatte unter der Verpflichtung zur Einquartierung und Versorgung der Truppen zu leiden. Auch in den geräumten Linienämtern waren damals französische Soldatenquartiere eingerichtet. Letztlich blieben diese militärischen Übergriffe jedoch Episode.

1814/15 tagte der Wiener Kongreß. Die Friedensperiode nach der endgültigen Niederlage Napoleons ermöglichte einen weiteren Aufschwung. Trotz der absolutistischen Bevormundung des auf-

Wien 16, Thaliastraße 1. 1856 wurde auf einem Gartengrundstück in der damaligen Neulerchenfelder Straße das Thaliatheater als Sommertheater errichtet und 1870 infolge von mangelndem Publikumsinteresse bereits wieder abgerissen. Lithographie, um 1860

Der letzte Vogelmarkt an der Lerchenfelder-Linie. Xylographie nach einer Zeichnung von Gustav Zafaurek, 1866

strebenden Bürgertums in der Phase des Vormärz entwickelten sich Industrie und Verkehr zu Triebfedern der Stadtentwicklung. Das Bürgertum wurde tonangebend, die Biedermeier-Kultur prägte das städtische Leben. In dieser Zeit komponierten Beethoven, Schubert, Johann Strauß Vater und Lanner, dichteten Grillparzer, Raimund und Nestroy, malten Waldmüller, Schwind und Alt. Das Burgtheater wurde zur führenden deutschsprachigen Bühne.

Der durch die napoleonischen Kriege zwar vorübergehend eingedämmte, aber nicht wirklich unterbrochene Aufschwung Wiens zur europäischen Metropole, die stete Zuwanderung in die Haupt- und Residenzstadt sowie der Platzbedarf des Adels, der Bürokratie und der neu entstehenden Industrieanlagen führten zu einer spürbaren Verknappung und Verteuerung der vorhandenen Flächen. Ein Großteil der zu Kleingewerbetreibenden abgesunkenen Bürgerschaft mußte das Stadtzentrum verlassen und sich in den Vorstädten innerhalb der Linie ansiedeln. Für Zuwanderer bot die bereits dicht verbaute Wiener Altstadt keinen Platz mehr, so daß sich das Wachstum der Stadt immer mehr auf den Bereich der Vorstädte und der außerhalb des Walls gelegenen Vororte verlagerte.

Obwohl die absolute Zahl der BewohnerInnen der Altstadt ziemlich konstant blieb, sank ihr Anteil in den 100 Jahren zwischen der Mitte des 18. zur Mitte des 19. Jahrhunderts von über 28 Prozent auf knapp 9 Prozent (1857) ab.

Besonders eindrucksvoll verlief der Aufschwung der Vorstädte bis zur Mitte des 19. Jahrhunderts. Die zentrumsnahen Gegenden galten als bessere Wohnadresse im Vergleich zu den zwar billigeren, aber doch entlegenen und durch den Wall räumlich getrennten Vororten. Bis zur Einrichtung städtischer Massenverkehrsmittel – im Frühjahr 1865 wurde die erste Wiener Pferdeeisenbahn in Betrieb genommen – und der gehäuften Ansiedlung flächen- und rohstoffintensiver Industriebetriebe in der zweiten Hälfte des 19. Jahrhunderts traten die Standortvorteile der Siedlungen und Ortschaften außerhalb des Linienwalls noch nicht so deutlich zutage. Den Nachteilen durch die Verzehrungssteuer standen die Vorteile der Zentrumsnähe, des höheren Prestiges als Wohngegend und der besseren kommunalen Versorgung gegenüber. Die öffentliche Straßenbeleuchtung etwa wurde zunächst in der Inneren Stadt eingeführt – im 18. Jahrhundert Öllampen, ab 1818 Gasflammen – und später erst auf die zentrumsnahen Vorstädte ausgedehnt. Um 1850 gab es in der Inneren Stadt 564 ganznächtige und 494 halbnächtige Gasflammen; die Vorstädte hingegen wurden von 84 durchgehend und 198 halbnächtig betriebenen Lampen erhellt. Die Einwohnerzahl der Vorstädte stieg dennoch von 121 269 im Jahr 1754 auf 304 276 im Jahr 1840. In nur 90 Jahren – zwischen 1766 und 1856 – wuchs die Zahl der Vorstadthäuser von 3 190 auf 8 279.

Wohnungsverknappung und das noch immer wachsende Repräsentationsbedürfnis der Herrschenden führten bereits in der zweiten Hälfte des 18. Jahrhunderts zur Überlegung, die Befestigung der Innenstadt, die Basteien, niederzureißen und dadurch eine räumliche Verbindung der Altstadt mit den sich dynamisch entwickelnden Vorstädten zu schaffen. In- und ausländische Beispiele – die Entfestigung von Berlin (1734), von Hannover (1763), von Graz (1784), Klagenfurt und Villach – regten zwar auch in Wien die Diskussion an, führten jedoch erst später zu konkreten Entscheidungen und Handlungen. Dies hatte mehrere Gründe:

Erstens gab es zunächst innerhalb des Linienwalls noch genügend freie Flächen, zweitens lehnten die militärischen Berater des Hofes angesichts wachsender sozialer Spannungen in den Vorstädten und Vororten aus Gründen der inneren Sicherheit für Residenz und Hof die Demontage der Basteien ab. Drittens bewirkte die Verzehrungssteuergrenze am Linienwall im Verlauf der fortschreitenden Industrialisierung eine Verlagerung der urbanen Dynamik in die Vororte außerhalb der Linie, so daß die Bodennachfrage und der politische Druck in Richtung Entfestigung des Zentrums gering blieben. Und schließlich gab es im 18. Jahrhundert weder ausgereifte städtebauliche Konzepte zur Nutzung der Glacis-Flächen noch die rechtlichen Voraussetzungen dafür. Bis zur Quasi-Revolution 1848 blieb das System der Grundherrschaft aufrecht – auch innerhalb des Wiener Linienwalls –, das dem jeweiligen Grundherrn exklusive Gestaltungsrechte einräumte und eine gesamthafte Planung durch Stadt- bzw. Staatsobrigkeit nicht zuließ. Das System der Grundherrschaft, eine Art „Bodenegoismus", berechtigte den jeweiligen Grundherrn unter anderem zur Parzellierung von Flächen: Abgesehen von baurechtlichen Vorgaben für Einzelbauvorhaben fehlte es so auch an Möglichkeiten für eine übergeordnete Raumplanung. Die naturrechtlichen Gesetzeskodifikationen wie das Österreichische Allgemeine Bürgerliche Gesetzbuch von 1811/12 verankerten auf Basis römisch-rechtlicher Prinzipien das Eigentum als stärkstes und absolut ausgestaltetes Recht. Möglichkeiten eines Eingriffs zur Durchsetzung öffentlicher Interessen wurden erst mit den großen Infrastrukturprojekten des 19. Jahrhunderts, insbesondere im Zuge des Eisenbahnbaus, entwickelt.

Nr. 183 Wien, Sonntag Illustrirtes Wiener Extrablatt 3. Juli 1904 Seite 15

Die Demolirungen an der ehemaligen St. Marxer Linie.

Von den alten Liniengebäuden hat das an der St. Marxer Linie am längsten bestanden. Es wird erst jetzt demolirt werden, während an Stelle der anderen Linienamts-Gebäude sich längst große Zinshäuser erheben. Ueber die St. Marxer Linie führte einst die einzige Straße von Wien nach Ungarn, deshalb waren auch bei dieser Linie zahlreiche Einkehrgasthäuser etablirt. Viele davon trugen Schilder, deren Inschrift sich auf den nahegelegenen Friedhof bezog. Eines dieser Gasthäuser, „zum ewigen Leben" benannt, befindet sich gegenüber dem ehemaligen Linienamtsgebäude. Das Gasthaus „zum ewigen Leben" wird nun ebenfalls demolirt. Es war eines der bekanntesten Vergnügungslocale jener Gegend und jeden Sonntag producirten sich dort bekannte Wiener Volkssänger. Jahrelang [illegible] Herr Franz Hochleitner Besitzer des G[illegible]hauses. Wir bringen vorstehend Ansichten des Lini[illegible]amts-Gebäudes und des Gasthauses „zum ewi[illegible] Leben", sowie das Portrait des Herrn Ho[illegible]leitner, der jetzt in der Schopenhauerstraße Nr [illegible] in Währing ein Gasthaus inne hat.

Illustration zum Abbruch von Franz Hochleitners „Restauration zum ewigen Leben" an der ehemaligen St.-Marxer - Linie. Aus: „Illustriertes Wiener Extrablatt" vom 3. Juli 1904

Die dynamische Entwicklung der Wiener Vororte im 18. Jahrhundert verlief daher keinesfalls gleichförmig und einheitlich. Bis zum Ende der Regierungszeit Maria Theresias wurden vor allem neue Adelspaläste, Schlösser und Palais – insgesamt etwa 300 an der Zahl – angelegt. Daneben gab es bürgerliche Landsitze, mehrgeschossige Miethäuser in barocker Bauweise und kleinere, ein- bis zweistöckige Bauten von Gewerbetreibenden und Handwerkern.

Besonders begehrt waren Grundstücke in Zentrumsnähe. Ansonsten war die Bebauung noch relativ dünn; die Vorstädte hatten im wesentlichen nur im Westen der Stadt die Grenze des Linienwalls erreicht.

Zu Ende der Regierungsperiode Maria Theresias, etwa ab 1770, trat der Palastbau gegenüber der Anlage von Fabriken, Manufakturen und Gewerbebetrieben samt den dazugehörigen bürgerlichen Wohnhäusern in den Hintergrund. Auf freien Flächen wurden neue Siedlungen angelegt, so etwa Magdalenengrund (parzelliert 1750), Neubau (1760), Laurenzergrund (1780), Schottenfeld (1783), Breitenfeld (1800), Hungelbrunn (1801) und Schaumburgergrund (1811). Die größte bauliche Verdichtung entstand, abgesehen von den zentrumsnahen Arealen, entlang des Wienflusses in den westlichen Gewerbevorstädten Gumpendorf, Neubau und Schottenfeld. Außerhalb des magistratischen Einflußbereiches lag die Entwicklung sehr stark in der Hand der jeweiligen Grundherren, die teilweise aktiv den Industrialisierungsprozeß vorantrieben. So bemühte sich etwa das Schottenstift auf seinen Gründen besonders um den Aufbau der Seidenverarbeitung. Die Vorstadt Schottenfeld, das Zentrum dieser Branche, kam so zu frühem Reichtum und im Volksmund zum bedeutungsvollen Namen „Brillantengrund“.

Im Gefolge der Seidenindustrie entstanden südlich der heutigen Mariahilfer Straße Druckfabriken, während sich in Gumpendorf Baumwoll- und Schafwollmanufakturen konzentrierten und entlang des Wienflusses Färbe- und Appreturbetriebe.

Auch in den historisch älteren Vorstädten in Zentrumsnähe spezialisierte sich die Produktion. So dominierten etwa am Spittelberg, der ältesten Wiener Vorstadt, die Goldverarbeitung und die Erzeugung von Galanteriewaren. An den Lauf der Bäche und Flüsse waren bis zur kommerziellen Nutzbarkeit der Dampfkraft vor allem energieintensive Gewerbebetriebe gebunden. Vom Wienfluß wurden Mühlbäche abgezweigt. So ist im heutigen 15. Bezirk – die Ullmannstraße etwa hieß früher Mühlbachgasse – seit dem frühen 13. Jahrhundert die Existenz von Mühlen belegt, und in Gumpendorf war der Mühlbach wesentlicher Standortfaktor. Das nicht mehr erhaltene Mollardschloß besaß eine eigene Mühle direkt beim Wall, von der das Wasser durch den 6. Bezirk bis ins Zentrum, zur Dominikanermühle, sodann weiter zur heutigen Dorotheergasse und Annagasse und schließlich wieder in den Wienfluß geleitet wurde. 1856 schüttete man den Mühlbach zu und legte die letzten drei Getreidemühlen an der Wien innerhalb des Stadtgebietes still.

Wien 3. Reste des St. Marxer Linienwalls. Photographie, um 1910

Innerhalb des Linienwalls bestimmten somit die Nähe zum Zentrum, die alten Ausfahrtstraßen, die Verkehrsverbindungen, insbesondere die Wege zu den Linientoren, das Investitionsverhalten der jeweiligen Grundherrschaften sowie die Flußläufe die Stadtentwicklung.

Zu Beginn des 19. Jahrhunderts wurde der Freiraum innerhalb des Walles knapp: Wachsende Manufakturen lockten Arbeitskräfte an, die Napoleonischen Kriege hatten die schutzsuchende Bevölkerung zum Zentrum drängen lassen. Neue Bauordnungen (1829 und 1836) erschwerten die Flächennutzung, und bis zur Mitte des Jahrhunderts verschärfte sich die Konkurrenz um Grund und Boden innerhalb des Linienwalls. Man unterschied zwischen den „eigentlichen" oder bürgerlichen Vorstädten, in denen der Magistrat die Grundherrschaft ausübte und Dörfern bzw. Freigründen mit privater Grundherrschaft. So trachtete der Wiener Magistrat bis zur Aufhebung des Instituts der Grundherrschaft im Jahr 1848, durch den privatrechtlichen Ankauf der fremden Grundherrschaften innerhalb der Linie einen einheitlichen Einflußbereich zu schaffen. Er erwarb deshalb im Jahr 1786 Gumpendorf, Schleifmühle (um 8800 Gulden), Michelbeuern (um 10 000 Gulden), Reinprechtsdorf (um 14 500 Gulden), im Jahr 1799 den Magdalenengrund, 1806 den Laurenzergrund, 1824 den Himmelpfortgrund (um 62 000 Gulden), 1842 den Hundsthurm (um 30 300 Gulden) und die Jägerzeile (um 180 000 Gulden). Zwischen 1779 und 1843 vergrößerte sich auf solche Weise der magistratische Anteil an den Grundherrschaften von 43 auf 66 Prozent, während der geistliche Anteil im selben Zeitraum von 30,7 auf 24,8 Prozent zurückging.

Im Jahr 1829 gab es neben dem Magistrat noch 21 weitere private Grundherren; 1848 standen nur mehr sieben Vorstädte unter nichtmagistratischer grund- und ortsobrigkeitlicher Gerichtsbarkeit, nämlich Mariahilf, St. Ulrich, Neubau, Schottenfeld, Breitenfeld, Lichtenthal und Schaumburgergrund. Im Zuge der revolutionären Bewegung des Jahres 1848 veranlaßte der Reichstag im September die Aufhebung der Erbuntertänigkeit und die Durchführung der Grundentlastung. Dies war die Voraussetzung, daß 1850 die letzten vom Magistrat noch nicht aufgekauften Herrschaften, nämlich das Domkapitel Schotten, Liechtenstein und Starhemberg unter magistratische Verwaltung gestellt werden konnten. So wurde als politische Konsequenz die erste große Stadterweiterung möglich, beschlossen durch die „provisorische Gemeindeordnung" vom 6. März 1850, die eine rechtliche Vereinigung der inneren Stadt mit den Vorstädten brachte. Das nunmehr einheitliche Gemeindegebiet gliederte sich in acht Verwaltungsbezirke, die den Gerichtsbezirken entsprachen. Das Stadtgebiet umfaßte nach der Erweiterung 55,4 Quadratkilometer und beheimatete 431 147 EinwohnerInnen. Im Zuge des Kräftemessens zwischen kaiserlicher Macht und demokratischer Kontrolle wurde die provisorische Gemeindeordnung zwar mit dem Silvesterpatent 1851 aufgehoben und erst 1861 wieder in Kraft gesetzt, doch eine Vereinigung der längst schon funktional zusammengehörenden Teile „Wiens" war nicht mehr rückgängig zu machen.

Die Wiener Festung weicht der Ringstraße

Trotz der vollzogenen Stadterweiterung widersetzten sich die Militärbehörden der Beseitigung der inneren Befestigungsanlagen aus Angst vor revolutionären Unruhen wie 1848. So wurden auf Betreiben der militärischen Autoritäten sogar die Basteien noch einmal verstärkt und im Zuge dessen die Franz-Josephs-Kaserne (innerhalb des Rings nahe dem Donaukanal) anstelle der Dominikaner- und Biberbastei sowie das Arsenal als Waffenfabrik östlich der Süd- und Ostbahn errichtet. Letztlich konnte jedoch die Abriegelung der Innenstadt gegenüber den Vorstädten nicht aufrechterhalten werden. Mit Handschreiben vom 20. Dezember 1857 verfügte der Kaiser die Schleifung der Befestigungsanlagen und damit die Realisierung der provisorischen Gemeindeordnung von 1850. Auch eine Erweiterung Wiens um das Gebiet der Vororte außerhalb des Linienwalls wurde erwogen, sie scheiterte jedoch im wesentlichen an der Verzehrungssteuer: Der Staat brauchte die Einnahmen und damit die Zollgrenze, und die Vororte mit ihren niedrigen Lebenshaltungskosten waren an einer rechtlichen Einbeziehung in den teuren städtischen Bereich nicht interessiert.

Durch die Entscheidung zur Entfestigung des Zentrums wurden neue städtebauliche Projekte im Bereich der großen Freiflächen des Glacis möglich. Erstmals überließ man die Nutzung dieser Flächen nicht dem ökonomischen Kräftespiel, sondern setzte bewußt städtebauliche Akzente. So wurde am 31. Jänner 1858 ein internationaler städtebaulicher Wettbewerb mit halbjähriger Frist ausgeschrieben, an dem sich renommierte Architekten und Städteplaner mit insgesamt 85 Entwürfen beteiligten. Dem Stil der Zeit entsprechend, standen viele dieser Projekte unter einem hochtrabenden, heute pathetisch anmutenden Titel wie etwa „Und das Wort ist Fleisch geworden" oder „Ein Kaisergedanke so groß und gewaltig, mit Freuden erfaßt ihn der schaffende Künstler und prüft seine Kraft". Einzige Ausschreibungsbedingung war die Anlage einer breiten Ringstraße rund um den ehe-

Vogelschauplan der Stadt Wien
mit ihren Vorstädten. Kupferstich von
Joseph Daniel Huber, 1769-73.

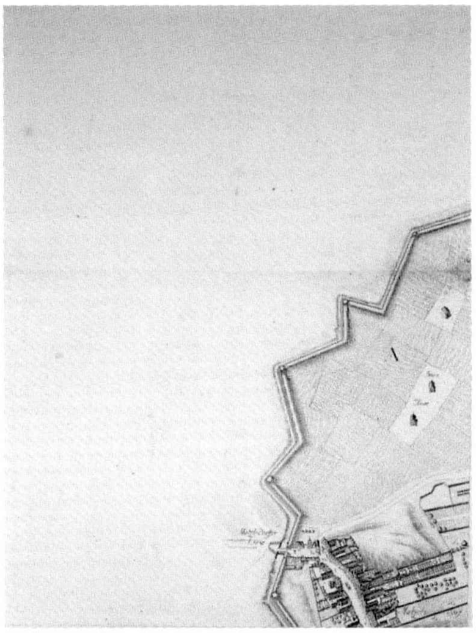

Matzleinsdorfer-Linie

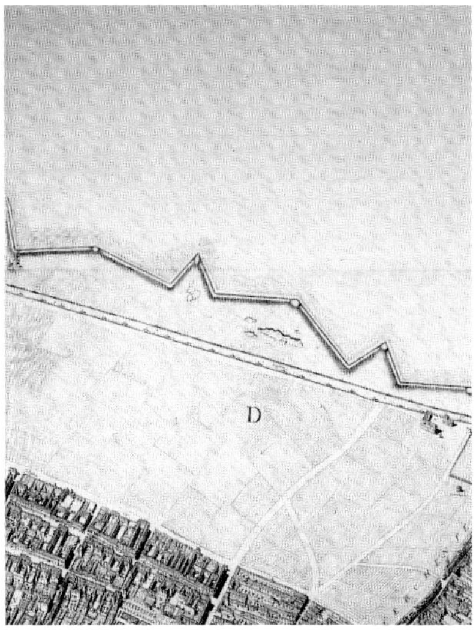

Lerchenfelder-Linie

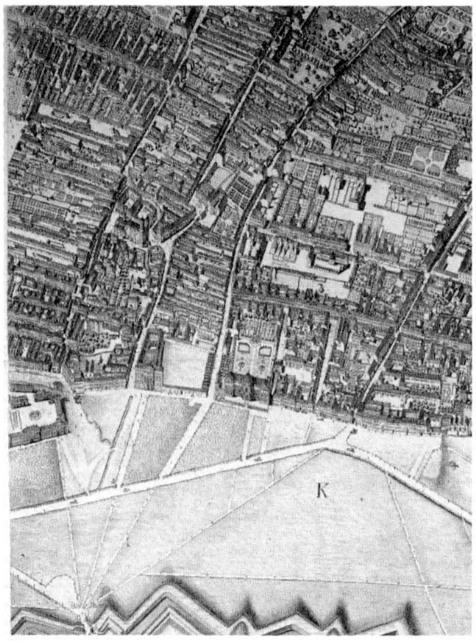

Burgtor

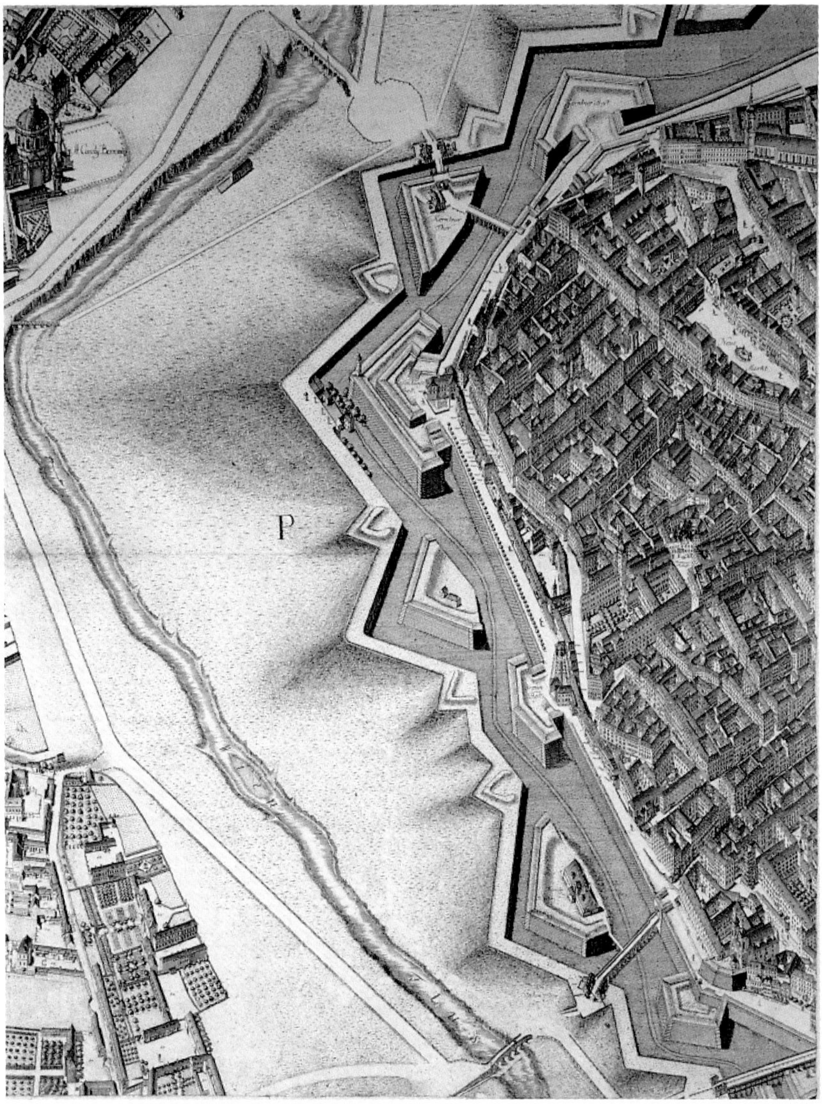

Kärtner Tor

Wiener Südbahnhof, 1869–73 nach Plänen von Wilhelm Flattich errichtet. Photographie, um 1885

maligen Festungsbezirk. Direkt zur Ausführung gelangte keiner der 85 Entwürfe, sondern es wurde ein Komitee eingerichtet, dem unter anderem auch die drei Hauptpreisträger, Ludwig Förster, August Sicard von Sicardsburg und Eduard Van der Nüll sowie Eduard Strache angehörten. Der von der Kommission vorgelegte Stadterweiterungsplan erhielt im September 1859 die kaiserliche Zustimmung. Das Projekt beruhte im wesentlichen auf der Anlage zweier konzentrischer Ringe mit verschiedenen Funktionen. Als Prunkstraße wurde unmittelbar um den alten Stadtkern die 57 Meter breite und 4 Kilometer lange Ringstraße als „Via principalis" angelegt und entlang des Donaukanals (damals ein Donauarm) der 38 Meter breite Franz-Josephs-Kai. An der Außengrenze der Glacisflächen wurde die 26,5 Meter breite „Lastenstraße" konzipiert, die im Gegensatz zum prunkvollen Ringstraßenboulevard von Anfang an als Verkehrsstraße vorgesehen war. Der Raum zwischen diesen Straßenringen war für Monumentalbauten bestimmt.

1858 wurde mit der Demolierung der Basteien und der Ausfüllung der Stadtgräben begonnen, doch es dauerte bis zum Jahr 1884, daß der letzte Rest der Stubenbastei fiel. Die Eröffnung des Franz-Joseph-Kais erfolgte um 1858 und die der Ringstraße 1865. Der gesamte Ausbau war im großen und ganzen um 1885 abgeschlossen. Eine Ausnahme bildete der Abschnitt des Stubenrings: Dieser wurde wegen der erst nach dem Revolutionsjahr 1848 und nach der Stadterweiterung von 1850 errichteten Franz-Josephs-Kaserne erst nach der Jahrhundertwende verbaut, und zwar ebenfalls auf Basis eines internationalen Wettbewerbs, der sogenannten Stubenviertel-Konkurrenz 1893.

Der trotzige Linienwall. Der Zollwall überlebt den Fall der Basteien

Bereits bei der Eingemeindung der 34 Vorstädte innerhalb des Linienwalls im März 1850 war schon klar, daß das eigentliche Wiener Stadtgebiet weit über diese Grenze hinausreichte. Die

Der alte Wiener Westbahnhof. Photographie der Abfahrtsseite, um 1910

Die durch den Zweiten Weltkrieg zerstörte Eingangshalle des Westbahnhofs am 1. November 1945.

ersten Planungen für die Beseitigung des Linienwalls und die Anlage einer sogenannten „Zirkumvallationsstraße“ erfolgten zur Zeit der Inangriffnahme der Ringstraßenprojekte. Eine Realisierung scheiterte damals zunächst nicht nur an den erwähnten politischen Widerständen, sondern auch an der ungeklärten Zuständigkeit für den Linienwall.

Anläßlich der Errichtung des Walls zu Beginn des 18. Jahrhunderts war die Frage des Grundeigentums offenbar nicht erörtert worden. In den Quellen finden sich keinerlei Hinweise auf Verhandlungen mit den Eigentümern der betroffenen Grundstücke, also insbesondere mit der Stadt Wien, dem Stift Schotten, dem Stift Klosterneuburg und anderen privaten Grundherrschaften. Ebenso fehlen Hinweise auf Entschädigungsleistungen an die privaten Eigentümer. Wahrscheinlich folgte man einer alten Tradition, wonach der Staat im Interesse der allgemeinen Sicherheit und damit auch zum Nutzen privater Grundeigentümer Liegenschaften zu strategischen Verteidigungszwecken vorübergehend nutzen konnte. Daß der Linienwall sehr bald schon seine militärische Funktion einbüßen, aber als Steuergrenze zur Dauereinrichtung für fast drei Jahrhunderte werden sollte, wurde nicht bedacht.

Trotz der geänderten Funktion der Befestigungsanlage behaupteten sich bis zur Ringstraßenepoche die Herrschaftsansprüche der Militärbehörde, des sogenannten Militärärars. Zwar gab es immer wieder Auseinandersetzungen zwischen der Militärverwaltung einerseits und dem Magistrat der Stadt Wien und den großen geistlichen Grundherrschaften andererseits hinsichtlich der Nutzungsrechte in der Bauverbotszone, doch letztlich setzten die Militärs ihren Standpunkt bis zur Mitte des 19. Jahrhunderts stets durch. Die Militärverwaltung hob Pachtzinse ein, genehmigte Ausnahmen vom Bauverbot (etwa zwischen Mariahilfer- und Gumpendorfer-Linie) und erhielt im Vorfeld drohender Rechtsstreitigkeiten stets Unterstützung durch die staatlichen Autoritäten. Der Militärärar freilich war an den städtebaulichen Anstrengungen des 19. Jahrhunderts nicht interessiert. So bestimm-

Wien 15, Europaplatz. Bauarbeiten am neuen Westbahnhof und der Straßentrasse der Gürtelfahrbahn. Photographie, 1951

Der neue Wiener Westbahnhof, 1951 nach Plänen von Robert Hartinger fertiggestellt. Photographie, 1952

te Kaiser Franz Joseph am 24. Februar 1858 die Übergabe des Linienwalls an die Finanzverwaltung. Mit diesem Erlaß wurden nicht nur die Eigentumsverhältnisse entsprechend der realen Nutzung des Linienwalls abgeändert, sondern auch das immer noch bestehende Bauverbot innerhalb und außerhalb der Befestigung aufgehoben. Innerhalb des Walls wurden so neue Bauparzellen geschaffen und entlang der Trasse des Walls konnten die Planungen zur Anlage einer sogenannten Zirkumvallationsstraße in Angriff genommen werden. Mitte März 1858 wandte sich das Innenministerium anläßlich der Aufhebung des Bauverbotrayons an die Niederösterreichische Statthalterei zwecks Prüfung der Voraussetzungen zum Bau einer Gürtelstraße. Die Niederösterreichische Statthalterei berief daraufhin eine Kommission ein, um eine neue Bauverbotszone im Hinblick auf die künftige Gürtelstraße auszuarbeiten. Dabei ging es vor allem um eine Trassenregulierung, da der zackig unregelmäßige Verlauf des Linienwalls nicht Grundlage der neuen Boulevardstraße sein konnte.

Bereits im Juni 1858 legte die Kommission ein Gutachten vor, in dem sie für die Schaffung einer knapp 76 Meter breiten Prachtstraße eintrat. In der Mitte der Straße sollte eine zehn Schuh (1 Schuh entspricht ca. 30 Zentimetern) hohe Mauer die Funktion der Steuergrenze übernehmen. Diese „Steuer-Mauer" scheint in sämtlichen späteren Planungen nicht mehr auf. Statt dessen schlug das Finanzministerium im April 1860 die Anlage einer Ringbahn zur Beförderung von Frachten zwischen den Hauptbahnhöfen der Stadt (Westbahnhof, Südbahnhof) vor. Am 28. Juni 1861 genehmigte Kaiser Franz Joseph das Projekt der Anlage einer Gürtelstraße samt Bahntrasse. Ab 1863 wurde auf den für die Gürtelstraße nicht benötigten Grundstücken die Bauerlaubnis erteilt. Zwischen der Genehmigung des Projektes durch Kaiser Franz Joseph und der Phase der Realisierung sollten noch etwa drei Jahrzehnte vergehen; erst der zunehmende politische Druck vor allem durch die Stadt Wien, das weitere Wachstum der Stadt bzw. der Bevölkerung und die Dynamik der ökonomischen Kräfte der Gründerzeit bewirkten, was kaiserliche Erlässe und kommissionelle Planungen allein nicht durchsetzen konnten.

Die Phase zwischen der Eingemeindung der Vorstädte im Rahmen der ersten Stadterweiterung 1850 und der Einbeziehung der Vororte außerhalb des Linienwalls durch die zweite Stadterweiterung 1890 ist durch eine rasche Entwicklung der Stadt und tiefgreifende politische Änderungen gekennzeichnet. In dieser Periode traten die negativen, trennenden und hemmenden Auswirkungen des Linienwalls deutlich zutage. Während im 18. Jahrhundert die Weiterentwicklung der Produktionsmittel, die Gründung von Manufakturen und Industriebetrieben die wirtschaftliche Dynamik dominierte, blieben politische Eingriffe, ein begleitender Ausbau von kommunalen und sozialen Einrichtungen bzw. die Schaffung der erforderlichen Infrastruktur dem 19. Jahrhundert vorbehalten. Das Nachziehen der kommunalen Dienste und die Schaffung effizienter Transportmittel erforderten in der Gründerzeit enorme Finanzmittel.

Wien 15, Neubaugürtel. Blick von der Lazaristenkirche auf den Westbahnhof. Photographie, 1954

Die Aufrechterhaltung des Linienwalls und damit die Beibehaltung der Verzehrungssteuer waren daher ebenso Voraussetzungen wie Hemmschuh öffentlicher Investitionen.

Die Trennungswirkung des Linenwalls machte sich besonders deutlich bei der Anlage der Eisenbahnen und Bahnhöfe im Wiener Raum bemerkbar. Die ältesten Zugstrecken, nämlich die Südbahn (1842), die „österreichisch-ungarische Staatseisenbahn“ (Ostbahn, 1846) sowie die „Kaiserin-Elisabeth-Bahn“ (Westbahn, 1858) wurden nur bis zum Linienwall geführt, wo man Kopfbahnhöfe errichtete. Der Betrieb der Westbahn wurde am 15. Dezember 1858 zwischen Wien und Linz aufgenommen; die Linie war vorerst „kopflos“. Der nach Plänen von Moritz Löhr erbaute Westbahnhof wurde erst Ende 1859 fertig und bestand in seiner ursprünglichen Form bis zur Zerstörung im Zweiten Weltkrieg durch schwere Bombentreffer 1944/45. Der Betrieb der Westbahn wurde 1862 vom Staat übernommen, die bislang privaten Anteilsrechte der Aktionäre abgelöst.

Der Ostbahnhof (1867–1870) und der Südbahnhof (1869–1873) entstanden vor dem Börsenkrach des Weltausstellungsjahres am Linienwall. Richtung Süden war die Bahntrasse selbst lange vor

Wien 3, St. Marxer Linienwall.
Photographie, um 1890

der Errichtung des Kopfbahnhofes bis zum Hafen Triest fertiggestellt und in Betrieb (1858). Eine Querung des Linienwalls scheiterte nicht nur an der dichten Verbauung der Vorstädte, sondern auch an der bürokratischen Grenze der Verzehrungssteuer.

Die Trasse der Südbahn wurde noch entlang des Linienwalls unter Verwendung eines äußeren Verbindungsweges von der Matzleinsdorfer-Linie zum Belvedere angelegt. Erst bei den späteren Eisenbahnverbindungen – Wiener Verbindungsbahn (1859), Kaiser-Franz-Josephs-Bahn (1870) und Aspang-Bahn – nahm man auf den Linienwall keine Rücksicht mehr, da ja zwischenzeitlich die Beseitigung der Befestigungsanlage grundsätzlich beschlossen war. Zur Anlage der Kaiser-Franz-Josephs-Bahn wurde nicht nur das Palais Althan-Pouthon, sondern auch ein Stück des Linienwalls abgerissen, um den Bahnhof innerhalb der Linie beim heutigen Althanplatz errichten zu können. Beim Süd- und Westbahnhof wurden nur neue Durchlässe geschaffen – in Verlängerung der heutigen Westbahnstraße und der heutigen Argentinierstraße –, um einen Weitertransport von Gütern und Personen zu ermöglichen.

Nicht nur der staatliche Eisenbahnbau erlebte in der zweiten Hälfte des 19. Jahrhunderts, der Gründerzeit, eine Hochblüte – auch in der Stadt verstärkte sich der Bedarf nach leistungsfähigen städtischen Massenverkehrsmitteln. Der sogenannte Stellwagen, der in der ersten Hälfte des 19. Jahrhunderts zur Personenbeförderung eingesetzt wurde, war wegen seiner Schwerfälligkeit, seiner Unbequemlichkeit, der holprigen Fahrweise und der geringen Leistungskapazität nicht mehr ausreichend. Die Tageszeitungen polemisierten gegen den Stellwagen und verlangten an seiner Stelle die Einführung schienengebundener „Pferdeomnibusse“. Auf den ersten Probebetrieb einer Pferdestraßenbahn nach Hernals im Frühjahr 1865 folgte bald schon die Einrichtung weiterer Pferdetramwaylinien. Als Alternative zu Zugpferden wurde in den 1860er Jahren auch der Einsatz kohlebetriebener „Straßen-Eisenbahnen“ diskutiert; 1872 wurden auf dem Alsergrund Versuchsfahrten mit dieser Straßenlokomotive gemacht. In der Praxis behaupteten sich die Pferdestraßenbahnen, die durch zwei private Einrichtungen, die „Wiener Tramway-Gesellschaft“ und die „Neue Wiener Tramway-Gesellschaft“, betrieben wurden, bis zur Elektrifizierung des Straßenbahnbetriebs – ab 1895 erprobt und ab 1897 fahrplanmäßig eingesetzt.

Der Wiener Neustädter Kanal an der St.-Marxer-Linie. Aquarell von Josef Wohlmuth, 1876

Im Zuge des ständig anwachsenden Verkehrsvolumens auf Eisenbahn- und Straßenbahnlinien wurden ab 1848 immer neue Liniendurchbrüche bzw. Verbreiterungen der bestehenden Durchlässe notwendig. Bereits 1848 entstand für die neutrassierte Währinger Straße ein weiteres Linientor samt Linienamtsgebäude an der Stelle der heutigen Volksoper. In den sechziger Jahren wurde zur besseren Verkehrsanschließung des Westbahnhofs zunächst die Westbahn-Linie geschaffen und 1867 die Mariahilfer-Linie für den Straßenbahnverkehr. Eine Verbreiterung der Favoritner- und Hundsthurmer-Linie wurde vorgenommen und bei der Hernalser-Linie ein Durchbruch für die Straßenbahn angelegt.

1873 fand in Wien die Weltausstellung statt. Zur besseren Abwicklung des dadurch neuerlich erhöhten Verkehrsaufkommens führte man die Sophiengassen-Linie (heute Argentinier Straße) zum Südbahnhof durch. 1878 wurde die Nußdorfer-Linie für die Pferdestraßenbahn erweitert.

Die meisten neuen Durchbrüche entstanden in den achtziger Jahren des 19. Jahrhunderts: Tramway-Durchlässe bei der Sechsschimmelgasse und der Liechtensteinstraße, eine Verbreiterung der Lerchenfelder-Linie und ein neuer Straßenbahndurchlaß bei der Arbeitergasse sowie die Neuanlage der Burggassen-Linie fallen in dieses Jahrzehnt.

Für die Stadt Wien waren diese neuen Liniendurchlässe und Verbreiterungsvorhaben mit hohem finanziellem Aufwand und komplizierten Verhandlungen verbunden. Bei jeder Liniendurchbrechung mußte individuell die Zustimmung der Finanzverwaltung ausgehandelt werden, die erforderlichen Grundstücke waren abzulösen und die baulichen Investitionen zu finanzieren. Angesichts der Tatsache, daß spätestens seit 1861 die Schleifung des Linienwalls nur noch eine Frage der Zeit war, erscheinen die enormen Investitionen zur Verbesserung der Durchlässigkeit des Linienwalls und zur Errichtung neuer Liniengebäude als Verschwendung öffentlicher Mittel.

Zur Zeit der zweiten Stadterweiterung 1890 hatte sich die Zahl der Linienämter von ursprünglich neun auf 15 vergrößert (Erdberger-Linie, St.-Marxer-Linie, Favoritner-Linie, Sophien-Linie, Belvedere-Linie, Matzleinsdorfer-Linie, Hundsthurmer-Linie, Gumpendorfer-Linie, Mariahilfer-Linie, Westbahn-Linie, Burggassen-Linie, Lerchenfelder-Linie, Hernalser-Linie, Währinger-Linie, Nußdorfer-Linie). Überdies gab es spezielle Straßenbahn-Liniendurchlässe ohne Linienämter bei der Arbeitergasse, der Sechsschimmelgasse und Liechtensteinstraße. Gegen die Donau hin, im Norden der Stadt, befanden sich Verzehrungssteuerämter in der Spittelau, am Tabor, beim Nord-, Nordwest- und Franz-Josephs-Bahnhof. Doch obwohl man für neue Tordurchlässe und für kommunale Großprojekte wie den Bau großer Schlachthöfe in Gumpendorf und St. Marx (um 1850) fallweise Teile des Walls abriß, ohne sie wiederaufzubauen, blieb die anachronistische Befestigungsanlage als Steuergrenze im großen und ganzen weiterhin bestehen. Während jedoch im 18. Jahrhundert Beschädigungen der Befestigung, etwa das Abtragen von Ziegeln und Lehm, noch streng geahndet wurden, ließ die Obrigkeit den Linienwall in seiner Endphase immer mehr verfallen: Die Ziegel verwitterten, die Böschung flachte ab. Oben auf dem Wall verlief ein Promenadenweg und zuletzt wurden Telegraphenmasten entlang seines Verlaufs errichtet. Für die Beseitigung des Linienwalls reichte der politische und ökonomische Druck zunächst noch nicht.

Seit Kaiser Franz Joseph im Jahr 1861 die Anlage einer Gürtelstraße anstelle des Linienwalls genehmigt hatte, bemühten sich der Wiener Gemeinderat und die Interessenvertretungen der Wirtschaft beharrlich um die Ausweitung des Verzehrungssteuerrayons auf das Gebiet der Wiener Vororte. Bei den relativ selbständigen Autoritäten der Vororte stieß dieses Anliegen auf wenig Gegenliebe. Dabei spielten nicht nur die Angst vor einem Verlust an Autonomie und die Sorge um das Niveau der Lebenshaltungskosten eine Rolle, sondern auch der Mangel an gemeinsamen Interessen zwischen den sehr unterschiedlichen Vororten. Außerhalb des Linienwalls gab es reißbrettartig angelegte Arbeitnehmerviertel (z.B. Neulerchenfeld), weiter draußen alte Weinbaudörfer (z.B. Grinzing) und herrschaftliche Sommerfrischen (z.B. Schönbrunn), ohne eine gemeinsame Basis für eine einheitliche Verhandlungsposition im Hinblick auf eine Eingemeindung. Dies, obwohl praktisch alle Vororte in unterschiedlicher Art und Stärke in funktionalen Beziehungen zur Stadt Wien standen.

Trotz der immer intensiver werdenden Verflechtungen Wiens mit seinen Vororten sprachen sich lediglich die Währinger Gemeindevertreter ausdrücklich für eine Eingemeindung aus. 1871 formulierte dies der Gemeinderatskandidat Julius Hirsch, etwas überspitzt, folgendermaßen: „Wir haben Handelsverträge mit China, Japan und Siam, aber nach Sechshaus können wir nicht ungehindert Geschäfte machen, und wenn die Vereinigung nicht bald geschieht, so wird es notwendig sein, mit Sechshaus einen separaten Handelsvertrag zu machen.“[5]

Im gleichen Jahr (1871) richtete Dr. Leopold Florian Meißner, Mitglied des Währinger Gemeindeausschusses, eine heftig diskutierte Petition zwecks Schaffung von „Groß-Wien“ an den niederösterreichischen Landesausschuß. Außer im Vorort Währing gab es sonst nur in Unter-Meidling Sympathien für eine rasche zweite Stadterweiterung.

Die unterschiedlichen Standort- und Lebenshaltungskosten innerhalb und außerhalb des Linienwalls und die historisch gewachsenen Funktionsteilungen zwischen der Kernstadt und der Außenzone bewirkten gleichzeitig eine enge Verbindung und

Reste der Ziegelmauer der Währinger-Linie in Wien 9. Photographie, um 1930

wechselseitige Abhängigkeiten bzw. eine scharfe Trennung und den Wunsch der meisten Vororte nach Aufrechterhaltung ihrer Selbständigkeit. Hinzu kam der wachsende ökonomische Druck der Gründerzeit: Seit 1848 verteuerten sich die Baukosten durch ein deutliches Ansteigen der Ziegelpreise massiv. Nach der blutigen Niederschlagung der 1848er Revolution am Linienwall beim Südbahnhof (damals Gloggnitzer Bahnhof) setzte eine regelrechte „Kasernenbauwut" ein; ein Kasernengürtel entstand und der Arsenal-Komplex wurde angelegt (1849–1856). Auch das Jahrhundertwerk der Semmeringbahn heizte die Baukonjunktur zusätzlich an.

Gleichzeitig wuchs die Nachfrage nach Arbeitskräften, die in großer Zahl in den Wiener Raum strömten. Eine immense Wohnungsnot und soziale Spannungen waren die Folgen. 1854 sah sich der Kaiser veranlaßt, für Neubauten 18 Jahre lang Steuerfreiheit zu gewähren. Auch die längst überfällige Schleifung der Stadtmauern und Verbauung des Glacis müssen unter diesem Blickwinkel gesehen werden. Die in Ringstraßennähe neu errichteten Vorstadthäuser, in denen Nobelwohnungen der gehobenen Preisklasse entstanden, trugen kaum zur Linderung der Wohnungsnot bei. Für die Masse der Zuwanderer kam eine Niederlassung nur in den Vororten mit ihren durchweg großzügigeren Bauvorschriften und den wesentlich niedrigeren Mietzinsen in Betracht. Außerhalb des Linienwalls fiel der Hausbau in die Kompetenz der Maurermeister und nicht – wie in Wien – in die der teureren Baumeister. So entstanden in den Vororten ohne jegliche Gesamtplanung neue Siedlungsanlagen mit sehr unterschiedlichem Charakter, hauptsächlich Zinskasernen als relativ billige Massenquartiere und nur ausnahmsweise Nobelwohngebiete mit großzügigen Gärten und Grünanlagen wie das sogenannte Cottage-Viertel im Nordwesten der Stadt.

Die großen Unterschiede in den Wohnkosten wurden durch die Preisunterschiede für lebensnotwendige Artikel innerhalb und außerhalb des Linienwalls noch verstärkt. Innerhalb der Linien waren um 1880 Mehl, Brot, Butter und Schmalz um etwa fünf Prozent teurer, verschiedene Fleischsorten um sieben bis 15 Prozent, Reis, Bier und Wein um rund 20 Prozent oder mehr. Insgesamt waren die Preise für wichtige Lebensmittel in den Vororten durchschnittlich um zehn Prozent niedriger. Daß unter diesen Bedingungen an eine Ausweitung des Verzehrungssteuerbereiches nicht zu denken war, liegt auf der Hand: Die Gefahr, daß dadurch neue revolutionäre Strömungen und soziale Unruhen entstünden, war zu groß. So blieb vorläufig nur übrig, die Politik des Zuwartens beizubehalten und Vororte durch Infrastrukturinvestitionen und die Ausweitung kommunaler Dienste faktisch stärker anzubinden.

Im Laufe der Zeit hatten die Vororte etliche Wiener Kommunaleinrichtungen übernommen: Neben den gemeinsamen Polizei- und Postrayons waren manche Vororte in den Bereich der Wiener Vasenmeisterei und des Wiener Armenbezirkes einbezogen. Ebenso wurden Einrichtungen der Krankenpflege, des Schulwesens und der Wiener Berufsfeuerwehr in zahlreichen Fällen in Anspruch genommen. Auch Investitionen im Bereich der Kanalisation und der Wasserversorgung – die erste Wiener Hochquellenwasserleitung wurde 1866 vom Gemeinderat beschlossen und zwischen 1870 und 1873 errichtet – kamen teilweise den Vororten zugute.

Die zweite Stadterweiterung – Wien überwindet den Linienwall

Um die stets wiederkehrende Forderung der Stadt Wien und der Interessenvertretungen der Wirtschaft, wonach der Linienwall als Handelshemmnis und Bremse der Stadtentwicklung beseitigt werden müsse, zu untermauern, wurden Studien ausgearbeitet, welche die Vorteile einer Eingemeindung der Vororte aufzeigten.

– Baugründe für ca. 2 000 neue Häuser würden frei, und eine Sanierung der teilweise desolaten Gebäude direkt am Linienwall könnte eingeleitet werden.
– Die ständigen Verkehrsstauungen bei den zwar vermehrten, aber niemals ausreichenden Linienquerungen fielen weg, wodurch die erhöhte Gefahr von Unfällen im Bereich der Linientore beseitigt wäre.
– Durch die gleichmäßigere Verteilung des Verkehrs würden bisher tote Nebengassen belebt und für Investoren attraktiv werden.

Bau der großen Wienbrücke, heute Margaretengürtelbrücke. Photographie

– Sanitäre Mißstände – der Liniengraben wurde nicht selten als wilde Deponie der Vororte mißbraucht – könnten endlich beseitigt werden.
– Die seit langem projektierte Gürtelstraße als wichtige Querverbindung aller Vorstädte und Vororte wäre realisierbar.
– Ein breiter Boulevard anstelle des Linienwalls böte Platz für eine Gürtelbahn als leistungsfähiges Massenverkehrsmittel.
– Schließlich könnte erst nach dem Zusammenschluß Wiens mit seinen Vororten eine sinnvoll strukturierte Gesamtplanung für die weitere Stadtentwicklung erfolgen.

Das lange Hin und Her um die Argumente für und wider eine Erweiterung Wiens veranlaßte schließlich sogar Kaiser Franz Joseph zu einem recht leidenschaftlichen Appell anläßlich der Eröffnung des Türkenschanzparkes am 30. September 1888: „Ich wünsche herzlichst, daß mit dem Blühen und Gedeihen dieses jungen Gartens auch der erfreuliche Aufschwung der Vororte, welche sobald dies möglich sein wird, auch keine physische Grenze von der alten Mutterstadt scheiden soll, stets zunehme, und daß der Anblick Wiens und der Vororte, welcher sich von hier aus bietet, den echten Bürgersinn, den wahren Patriotismus und die Liebe zur Heimat unter dem Schutze des Allmächtigen stets neu beleben möge.“[6]

Nach dieser eindeutigen Willensäußerung des Kaisers gab die Regierung Auftrag an verschiedene Kommissionen, die Fragen der Verzehrungssteuerreform, der Schleifung des Linienwalls, der Eingemeindung der Vororte zu klären und ein neues Gemeindestatut auszuarbeiten. 1883 waren die Pläne zur Ausführung der Gürtelstraße nach mehrfachen Abänderungen des Grundsatzbeschlusses vom Ministerium des Inneren bzw. von der Niederösterreichischen Statthalterei im Einvernehmen mit der Stadt Wien und den beteiligten Vorortegemeinden genehmigt worden.

Das alte Wasserreservoir beim Lerchenfelder Gürtel vor dem Abbruch 1892. Photographie, um 1891

Die langjährigen politischen Vorstöße waren endlich von Erfolg gekrönt, als am 10. Mai 1890 das „Gesetz wegen Änderung der

Linie bei Währinger Straße – Schulgasse

Linienwall beim Südbahnhof

Wiener Linienverzehrungssteuer und wegen Einführung der Linienverzehrungssteuer in mehreren Vororten von Wien"[7] beschlossen wurde. Damit stand der Eingemeindung der Vororte nichts mehr im Wege. Schon zwei Monate später, am 10. Juli, beschloß der Wiener Gemeinderat die Vereinigung Wiens mit den Vororten, und am 19. Dezember 1890 sanktionierte der Kaiser das „Gesetz betreffend die Vereinigung mehrerer Gemeinden und Gemeindeteile mit der Reichshaupt- und Residenzstadt Wien und die Erlassung eines neuen Statutes sowie einer neuen Gemeindewahlordnung für diese". Das Gesetz trat am 1. Jänner 1891 in Kraft. Ab diesem Zeitpunkt bestand das Wiener Gemeindegebiet aus 19 Bezirken. Der 10. Bezirk (Favoriten) war bereits 1874 aus den außerhalb des Linienwalls befindlichen Teilen des 3., 4. und 5. Bezirks geschaffen und dem Wiener Stadtgebiet rechtlich angeschlossen worden.

Mit der zweiten Stadterweiterung 1890/91 wurden insgesamt 33 Ortsgemeinden zur Gänze und 20 Orte teilweise der Stadt Wien einverleibt. Die in ihrer Entwicklung wesentlich dynamischeren Vororte brachten der gesamten Stadtentwicklung neue Impulse. Noch 1869 hatten in der Inneren Stadt und den vom Stadtgebiet umfaßten Vorstädten innerhalb der Linie fast dreimal so viele EinwohnerInnen wie in den Vororten gelebt. Als die Vororte eingemeindet wurden, lag das Verhältnis nur mehr bei eineinhalb zu eins (ca. 820 000 Menschen im alten Stadtgebiet und 525 000 neu hinzugekommene BewohnerInnen der Vororte). Die EinwohnerInnenzahl von knapp 1,4 Millionen Menschen stieg nach der Eingemeindung der Vororte jährlich um etwa 30 000 an. Gleichzeitig kam es zu einem wirtschaftlichen Aufschwung: Die Gesamtsumme der Einkommen wuchs jährlich um mehr als fünf Prozent. Aber auch die Grundstücke in den Vortebezirken verteuerten sich rapid. Jährliche Steigerungen von 20 Prozent und mehr führten in den bisher großteils locker verbauten Vororten zu einer verdichteten Bauweise und zur Errichtung von Häusern mit höherer Geschoßzahl. Noch dramatischer als die Bodenpreise stiegen in den Vororten die Mietzinse; nämlich durchschnittlich um über 30 Prozent.

Währinger-Linie:
Blick den Gürtel entlang nach Norden

Die Stadtplanung stand vor großen Aufgaben. Im Zusammenhang mit der Eingemeindung der Vororte war mit Gesetz vom 26. Dezember 1890 die Bauordnung des Jahres 1883 novelliert worden. Die neue Bauordnung trug den Anregungen des Ingenieur- und Architektenvereines Rechnung, indem sie eine Trennung von Zonen mit unterschiedlichen Funktionen vorsah. Auf dieser Basis wurde 1893 vom Gemeinderat ein Bauzonenplan beschlossen, der eine Grobgliederung des Stadtgebietes in Flächen mit vorherrschender Wohn- und solchen mit Industrienutzung sowie eine vom Stadtzentrum zu den Außengebieten abnehmende maximale Bauhöhe vorsah. Auch in dieser Novelle stellte die Gürtelstraße eine Trennlinie dar: Die Errichtung von Häusern mit vier Stockwerken über dem Erdgeschoß blieb im allgemeinen auf die inneren Bezirke beschränkt, während in den neuen Außenbezirken nur drei Stockwerke über dem Parterre gestattet waren.

Die Bauordnung von 1890 verpflichtete den Wiener Gemeinderat zur Ausarbeitung eines Generalregulierungsplans für das gesamte Gemeindegebiet, der die Grundzüge der künftigen Stadtentwicklung festhalten sollte. Nach intensiven Debatten schrieb der Gemeinderat deshalb im Oktober 1892 einen internationalen städtebaulichen Wettbewerb mit einjähriger Frist zur Sammlung von Entwürfen für einen Generalregulierungsplan aus. Vorgaben der Ausschreibung waren die Beachtung der funktionellen Grobgliederung des Stadtgebietes in Wohn- und Industriegebiete, die besondere Berücksichtigung ästhetischer Gesichtspunkte und schließlich die Ausgestaltung des Verkehrsnetzes auf Grundlage der von der „Commission für Verkehrsanlagen“ ausgearbeiteten Grundkonzeption.

Diese im Sommer 1892 durch Gesetz geschaffene Kommission war mit den seit Jahrzehnten anhängigen städtebaulichen Großprojekten, nämlich der Anlage einer Stadtbahn, der Umwandlung des Donaukanals in einen Handels- und Winterhafen, der Errichtung von Hauptsammelkanälen beiderseits des Donaukanals und der Regulierung des Wienflusses, betraut.

Sowohl die Vorschläge dieser Kommission als auch die im Rahmen des Generalregulierungswettbewerbs eingelangten Projekte wurden in der Folge nur in Ansätzen verwirklicht. Für den Gürtel blieben der Grundsatzbeschluß von 1861 und das genehmigte Projekt von 1883 bestimmend. Lediglich hinsichtlich der Stadtbahn erlangten die Kommissionvorschläge, an denen Otto Wagner beteiligt war, Bedeutung. Ursprünglich war eine Straße mit einer Breite von knapp 76 Meter – nach dem Vorbild der Wiener Ringstraße und der Pariser Boulevards – vorgesehen. Durch die Einplanung der Stadtbahn und einer Straßenbahn verschmälerte sich jedoch die für Fahrbahnen und Gehsteige verfügbare Fläche beträchtlich. Im Rahmen der Generalregulierungskonkurrenz wurden insgesamt 15 Entwürfe eingesandt, über die ein Preisgericht im Februar 1894 zu einer einstimmigen Bewertung kam: Der erste Preis ging ex aequo an den bekannten Architekten und Städtebauer Otto Wagner mit dem Projekt Nummer 3 (Motto „Artis sola domina necessitas") und Josef Stübben aus Köln mit dem Projekt Nummer 14 (Motto „Die Wienerstadt"). Diese Projekte vertraten in formaler Hinsicht ganz entgegengesetzte städtebauliche Theorien: In Anlehnung an die Pariser Stadterweiterung ging Wagner von einem Konzept der „geraden" Straße aus, während Stübben ähnlich wie Camillo Sitte die Idee der sogenannten „krummen" Straße propagierte. Beide Entwürfe setzten sich dabei teilweise über die historisch gewachsene Bausubstanz hinweg und gingen in ihren Planungen von einer dynamischen Vergrößerung und Weiterentwicklung der Stadt in den kommenden Jahrzehnten aus.

In städtebaulicher Hinsicht legte Wagner dabei eine großstädtische Dynamik zugrunde, der räumlich keine Grenzen gesetzt werden dürften, „um die freie Entwicklung für immerwährende Zeiten zu sichern", wie er später in seiner 1911 erschienenen Broschüre „Die Großstadt" festhielt. Wagner setzte sich für eine vom Zentrum nach außen fortschreitende ringförmige Verbauung ohne Rücksicht auf Terrain- und Niveauverhältnisse ein. Durch ein System von Gürtel- und Radialstraßen sollte ein mit dem Stadtzentrum verbundenes Verkehrsnetz entstehen. Jeder Bezirk sollte eine öffentliche Verbindung zum Zentrum mit bloß einmaligem Umsteigen erhalten und über eigene Grünflächen verfügen. Einen geschlossenen Wald- und Wiesengürtel rund um ein insgesamt dichtverbautes Stadtgebiet lehnte Otto Wagner ab.

Das Konzept eines solchen „Volksringes" für Wien erstellte der Architekt Eugen Fassbender. Dieser Volksring sollte als etwa 750 Meter breiter Wald- und Wiesengürtel, als „Grüner Anger", von Nußdorf bis Hietzing und von Meidling bis zum Zentralfriedhof das bebaute Gebiet umgeben und der gesamten Wiener Bevölkerung als Erholungsraum dienen. Die Idee des Volksringes wurde 1905 tatsächlich vom Gemeinderat beschlossen und bildete 1910 das Vorbild für den städtebaulichen Wettbewerb von Großberlin.

Auch andere Projektideen der Generalregulierungskonkurrenz kamen erst später zum Tragen: Die Anlage einer sogenannten

Höhenstraße als äußerste Gürtelstraße rund um Wien fand sich in den Entwürfen von Stübben und Heindl-Lassne. Vorbilder dafür waren die Viale dei Colli in Florenz oder die Via di circonvallazione a monte in Genua. Dieser Vorschlag wurde erst Mitte der dreißiger Jahre des 20. Jahrhunderts mit einer etwas abgeänderten Trassenführung realisiert. Das Projekt von zwei Untergrundbahnen quer durch Wien nach Art der Londoner Rohrbahnen blieb damals Utopie.

Reste des St.-Marxer-Linienwalls. Zwei Photographien um 1890

Trotz der Vorgaben des Wettbewerbs, die eine Konzentration auf das Verkehrssystem und ästhetische Aspekte der Städteplanung verlangten, wurde im Projekt der Brüder Mayreder die sozialpolitische Verantwortung in den Vordergrund gestellt: Die Stadt müsse Baugründe für die Anlage eigener Arbeiterquartiere reservieren, in denen kleine Miethäuser mit preisgünstigen Wohnungen gefördert werden sollten. Arbeiterviertel mit Grünflächen, Kinderspielplätzen, Bädern und Arbeiter-Hotels wurden gefordert. Diese sozialpolitischen Anregungen im Rahmen der städtebaulichen Konkurrenz waren damals ihrer Zeit voraus. Bis zum Ersten Weltkrieg lehnte die christlich-soziale Stadtverwaltung jegliche Tätigkeit auf dem Gebiet des sozialen Wohnbaus ab. Die Sicherung der Interessen der Hausherren bzw. Vermieter stand im Vordergrund. Somit kamen die Grundzüge der Vorschläge der Brüder Mayreder erst später, in der sozialdemokratischen Ära der Stadtverwaltung, zum Tragen.

Zusammenfassend kann festgestellt werden, daß die Generalregulierungskonkurrenz zu einem Sammelsurium verschiedenster Projekte, Leitideen und städtebaulicher Grundanschauungen führte, wobei kein einziges Projekt in seiner Gesamtheit bzw. ursprünglichen Form realisiert wurde. Die Betonung formaler Gestaltungsaspekte und die teilweise große Realitätsferne der eingereichten Projekte beruhen zum Teil auf den unzulänglichen Vorgaben des Wettbewerbs, die etwa die Frage der bestehenden Bausubstanz offenließen. Ohne ein klares Stadtentwicklungskonzept lag dem Wettbewerb die Annahme zugrunde, daß Wien im Begriff sei, sich zu einer Viermillionenstadt zu entwickeln. Tatsächlich trat jedoch um die Jahrhundertwende eine allmähliche Verlangsamung des Bevölkerungswachstums ein, wobei sich das Schwergewicht der Zunahme immer stärker auf das jenseitige Donaugebiet verlagerte.

In den 1905 eingegliederten Ortschaften jenseits der Donau waren die Bevölkerungszuwächse um die Jahrhundertwende mehr als doppelt so hoch wie in den 1890 eingemeindeten Vororten (6,2 Prozent zu drei Prozent). Im Jahr 1908 überschritt die Wiener Bevölkerung erst- und letztmals – die Zweimillionengrenze. Dann setzte der Erste Weltkrieg der dynamischen Vergrößerung der Einwohnerzahl ein Ende. Planungen für Wien als Viermillionenstadt verloren ihre Grundlage.

Exkurs: Die Handschrift der politischen Kräfte am Gürtel

1861 erlangte Wien nach dem Kräftespiel zwischen absolutem Herrschaftsanspruch des Kaiserhauses und demokratischen Prinzipien endgültig die kommunale Selbstverwaltung. Zwischen 1861 und 1895 dominierte die liberale Partei den Wiener Gemeinderat und stellte den Bürgermeister. Die Liberalen legten ihr politisches Hauptaugenmerk auf wirtschaftliche Maßnahmen, während sie die Sozialpolitik und das Wohnungswesen nicht zu ihren vordringlichen Aufgaben rechneten. Ihre Wirtschaftspolitik wiederum mußte der räumlichen Ausdehnung Wiens, dem Bevölkerungszuwachs und dem Wandel zur europäischen Metropole durch Infrastrukturinvestitionen Rechnung tragen.

Die Liberalen wollten die städtischen Probleme möglichst in privatkapitalistischer Weise lösen. Eine Einmischung der Kommune durch Schaffung städtischer Betriebe mit Monopolcharakter wurde nicht in Betracht gezogen. Die im Gemeinderat diskutierten Pläne zur Errichtung eines städtischen Gaswerkes etwa kamen über Kommissionsberatungen nicht hinaus und ein seit 1852 bestehender Vertrag mit einer englischen Gasgesellschaft wurde trotz erheblicher Klagen hinsichtlich der Versorgungsqualität nicht angetastet.

Ebenso wie die Gasfrage blieb auch die des Lokalverkehrs ungelöst. Der Verkehr mit Pferdekutschen uferte aus, verursachte zahlreiche Unfälle, und die privat betriebenen Pferdestraßenbahnen konnten den wachsenden Ansprüchen kaum nachkommen. Die Idee der Anlage von Bahntrassen im Stadtgebiet von Wien, die bald nach der ersten Stadterweiterung von 1850 aufkam, führte zwar zu einer wahren Flut an unternehmerischen Vorstößen – allein 1873 wurden 23 Stadtbahnprojekte dem Handelsministerium vorgelegt und der Gemeinde Wien zur Begutachtung zugeleitet –, die Realisierung ließ jedoch noch Jahrzehnte auf sich warten. Ähnlich hinausgezögert wurden die Probleme einer Regulierung und Einwölbung des Wienflusses im Zusammenhang mit dem Gürtel-Wiental-Stadtbahnprojekt, die Umwandlung des Donaukanals in einen Handels- und Winterhafen und nicht zuletzt die Eingemeindung der Wiener Vororte.

Es gab auch kommunale Investitionen, die in der liberalen Ära der Wiener Stadtverwaltung bewältigt wurden: die Anlage der ersten Hochquellenwasserleitung (Eröffnung 1873), die Regulierung der Donau (1870–1879) und der Bau eines neuen Rathauses an der Wiener Ringstraße (Spatenstich im Mai 1872). Neben anderen, kleineren Vorhaben wie der Anlage städtischer Gärten, der Errichtung neuer Brücken über den Wienfluß sowie dem Bau von Schulen und Markthallen ließ die Stadtverwaltung ferner ein städtisches Lagerhaus (1876) sowie ein Epidemiespital an der Triester Straße in Favoriten (1873) – nach der großen Blatternepidemie des Jahres 1872 eine dringende Notwendigkeit – erbauen. Nicht zuletzt wurde der Zentralfriedhof 1874 in Simmering angelegt, der durch die Auslastung der fünf vorhandenen Kommunalfriedhöfe außerhalb des Linienwalls (St. Marx, Matzleinsdorf, Hundsthurm, Schmelz und Währing) nötig wurde.

Wien 6, Mariahilfer-Linie mit Linienamtskapelle. Photographie, um 1890

Mariahilfer-Linie.
Photographie um 1880

Die extrem langen Projektierungsphasen und die zögernde Haltung, was die Schaffung unerläßlich gewordener kommunaler Betriebe im Bereich der Energieversorgung und des Verkehrs betraf, trugen letztlich zusammen mit Änderungen im Wählerpotential zur Ablösung der liberalen Vormacht durch die kleinbürgerliche christlich-soziale Partei unter Karl Lueger im Jahr 1895 bei.

So fielen zwar der Beschluß zur Eingemeindung der Vororte 1890 und zur Einebnung der größten Teile des Linienwalls in die liberale Epoche, die Fertigstellung der Gürtelstraße und der Stadtbahn sowie die Errichtung der großen kommunalen Versorgungseinrichtungen und die Elektrifizierung der Wiener Straßenbahn 1897 blieben der christlich-sozialen Stadtverwaltung vorbehalten. Die christlich-soziale Partei unter Karl Lueger bestimmte die Geschicke der Stadt bis 1918.

Die Christlich-Sozialen brachen mit allen liberalen Tabus der Nichteinmischung der Stadt in das wirtschaftliche Geschehen. Sie begründeten zahlreiche kommunale Unternehmen im Bereich der Ver- und Entsorgung. Unter Bürgermeister Karl Lueger wurde die Gasversorgung zur öffentlichen Leistung. Da 1899 der Vertrag mit der englischen Gasgesellschaft auslief, baute die

Ansicht der 1892 abgetragenen Mariahilfer-Linie, heute Wien 6, Ecke Stumpergasse – Mariahilfer Straße. Stich nach einer Zeichnung von Josef Gerstmeyer

Stadtverwaltung zeitgerecht (1896–1899) das Gaswerk in Simmering, damals das größte Europas, und ein eigenes kommunales Netz zur Versorgung der innerstädtischen Bezirke. Es war ein großes Volksfest, als am 31. Oktober 1899 auf der Ringstraße die ersten Gaslaternen mit Gas aus Simmering leuchteten. Die Vororte hatten noch bis 1911 einen Vertrag mit der englischen Gesellschaft, danach übernahm auch dort die Stadt die Versorgung mit Gas aus dem zweiten kommunalen Gaswerk Leopoldau und ließ die Anlagen der privaten Gasgesellschaft in Währing und in Erdberg nahe des Linienwalls abtragen. Zur Finanzierung der aufwendigen Großprojekte, insbesondere für die erste Wiener Hochquellenwasserleitung, den Erwerb und die Ausgestaltung der Grundstücke für den Zentralfriedhof sowie den Bau des neuen Rathauses nahm die Stadt Wien hohe Summen als Anleihen auf.

Die bis 1902 von einer Gesellschaft der Firma Siemens und Halske betriebenen Straßenbahnen wurden der Gemeinde Wien übertragen, die privaten Elektrizitätswerke eingelöst und zwischen den Jahren 1907 und 1914 in das städtische Elektrizitätswesen mit Monopolcharakter übergeführt. Als kleinere Unternehmungen im Eigentum der Stadt wurden zu Beginn des 20. Jahrhunderts das Brauhaus und die städtische Leichenbestattung eingerichtet. Die kostspieligste Großinvestition war der Bau der zweiten Hochquellenwasserleitung, die durch die Stadterweiterung von 1890 notwendig geworden war.

In die christlich-soziale Ära Wiens fällt auch die Eingemeindung der linksseitig gelegenen Donaugemeinden Floridsdorf, Jedlesee, Groß-Jedlersdorf, Strebersdorf und Stammersdorf sowie der Gebiete von Leopoldau, Stadlau und Aspern als 21. Wiener Gemeindebezirk (1905). Damit erhöhte sich die Fläche Wiens um rund 50 Prozent auf 273 Quadratkilometer, wodurch Wien flächenmäßig zur zweitgrößten europäischen Stadt wurde. Damals, zu Beginn des 20. Jahrhunderts, erreichte Wien mit mehr als zwei Millionen Einwohnern die höchste Bevölkerungszahl seiner Geschichte. Das Motiv dieser Stadterweiterung war die

Integration des Donauraumes in die Stadt zwecks Aufschließung des Gebietes für künftige Möglichkeiten eines großen Industrie- und Handelszentrums am Fluß.

Innerhalb des alten Stadtgebietes wurden ganze Stadtviertel, vor allem das Stubenviertel nahe der Ringstraße, neu gestaltet und prächtige Monumentalbauten (z.B. Postsparkassengebäude durch Adolf Loos) errichtet. Eine ganze Reihe alter, teilweise ausgedienter Kasernenanlagen (z.B. die Franz-Josephs-Kaserne am Donaukanal-Kai, die Gumpendorfer Kaserne, die Reiterkaserne in der Josefstadt, die Heumarktkaserne beim Rennweg und die Trainkaserne in der Ungargasse) sowie das alte Polizeigefangenenhaus in der Theobaldgasse wurden abgerissen und die Flächen an Investoren zur Verbauung übergeben.

Mariahilfer-Linie. Lithographie, um 1830

Die christlich-soziale Stadtverwaltung rechnete aufgrund des dynamischen Urbanisierungsprozesses mit einer Steigerung der Bevölkerungszahl auf über vier Millionen. Dementsprechend großzügig dimensionierte sie die umfangreichen Infrastrukturprojekte. Das Stadtbahn- und Straßenbahnnetz wurde daher für eine wachsende Metropole konzipiert bzw. technisch modernisiert. Dies bedeutete für die Wiener Bevölkerung auch den Abschied von der allerletzten Pferdeeisenbahn, wurden doch sämtliche Linien auf elektrischen Betrieb umgestellt.

Angesichts der im letzten Jahrzehnt der christlich-sozialen Verwaltung aufgenommenen Anleihen in einer Gesamthöhe von 985 Millionen Kronen, erscheinen die Klagen der sozialdemokratischen Partei, daß ihr die Christlich-Sozialen bei Übernahme der Verwaltung der Bundeshauptstadt nach dem Weltkrieg nur leere Kassen und Schulden hinterlassen hätten, nicht übertrieben. Letztlich kam den Sozialdemokraten in dieser Situation die kriegsbedingte Inflation zu Hilfe, durch welche die Inlandsschulden entwertet wurden. Politisches Hauptanliegen der Sozialdemokraten im Wiener Rathaus war die Verbesserung der unerträglichen Wohnverhältnisse für die sozial Schwachen, und so wurde der soziale Wohnbau auch das Markenzeichen ihrer Stadtverwaltung. Der allererste Gemeindebau, der sogenannte Metzleinstalerhof, entstand zwischen 1916 und 1922 am Margaretengürtel als monumentale, geschlossene Hofanlage. Dieses imposante Bauwerk (heute Margaretengürtel 90–98) bildete die Grundlage des späteren „Volkswohnungspalastes". Am Gürtel, dem Boulevard der Arbeiterschaft, entstanden in der Folge jene sozialen Großbauten, die bis heute den Charakter des Südgürtels prägen.

Der kommunale Wohnbau wurde zunächst durch Anleihen finanziert und schließlich durch eine städtische Wohnbausteuer. 1923 beschloß der Gemeinderat sein erstes Wohnbauprogramm, das die Errichtung von 25 000 neuen Wohnungen in fünf Jahren vorsah. Zur Sicherung dieses Vorhabens nahm die Gemeinde Wien große Grundankäufe vor: den Drasche-Gürtel im Süden der Stadt (von Meidling bis Kaiserebersdorf) im Ausmaß von 800 000 Quadratmeter und die Frankl-Gründe, die 1 800 000 Quadratmeter umfaßten. Ende 1928 gehörte der Gemeinde rund ein

Wien 9, Währinger-Linie. Blick über den heutigen Gürtel in Richtung Währinger Straße. Photographie, um 1890

Die Währinger-Linie. Blick von der Außenseite über den Liniengraben auf Brücke und Tor. Lithographie nach einer Zeichnung von Josef Gerstmeyer

Viertel der Gemeindefläche. Bis 1934 entstanden fast 64 000 neue Wohnungen. Bei der Verbauung des Gürtels wurden neue architektonische Akzente gesetzt; der künstlerischen Ausgestaltung wurde durch reiche keramische Zierelemente Rechnung getragen. Die imposanten Werke des frühen sozialen Wohnbaus, der Metzleinstalerhof, Reumannhof, Franz-Domes-Hof, Matteottihof, Herweghhof, Julius-Ofner-Hof oder Julius-Popp-Hof, zeugen von den hohen sozialpolitischen Ansprüchen der Epoche. Die Geschichte ihrer BewohnerInnen war oft tragisch und bewegt: 1934 waren etliche Wohnanlagen umkämpft, dann wurden die NichtariererInnen gekündigt, deportiert und viele ermordet. Nach dem Zweiten Weltkrieg wurde die soziale Wohnbautätigkeit im „Roten Wien" auch am Gürtel fortgesetzt: 1951 bis 1955 entstand der riesige Komplex des Theodor-Körner-Hofs mit 1356 Wohnungen und einem – von der Straße etwas zurückversetzten – 20stöckigen Hochhaus auf dem Areal des ehemaligen Heu- und Strohmarktes.

Rückblickend kann gesagt werden, daß der jeweilige Wechsel in den Machtverhältnissen gerade am Wiener Gürtel prägend gewirkt hat. An seinen Entwicklungsphasen lassen sich die unterschiedlichen Hauptanliegen der einzelnen politischen Parteien ablesen: Die Liberalen schafften trotz erheblicher Widerstände die Beseitigung des Linienwalls und die Vereinigung Wiens mit seinen Vorstädten; die Christlich-Sozialen erkannten die Notwendigkeit kommunaler Investitionen und städtischer Unternehmungen im Verkehrs- und Versorgungsbereich; die sozialdemokratische Stadtverwaltung konzentrierte sich auf die Wohnungsfrage und auf die sozialen Auswirkungen des dynamischen Urbanisierungsprozesses.

II. Der Gürtelboulevard

Neue Bauten und alte Traditionen

Von all den weitreichenden Plänen waren in den neunziger Jahren des 19. Jahrhunderts also lediglich die Ausführung der Gürtelstraße, Teile des Stadtbahnnetzes sowie die Wienflußregulierung tatsächlich für eine Realisierung reif. In der Sitzung vom 1. Februar 1893 beschloß der Wiener Gemeinderat die Abtragung des Linienwalls, was in den folgenden fünf Jahren auch geschah. Reste der ehemaligen Befestigungsanlage blieben bis ins 20. Jahrhundert stehen. Erst nach 1960 etwa wurden im Zuge des Neubaus des Allgemeinen Krankenhauses noch verbliebene kleine Teile des Walls abgetragen und einzelne Bruchstücke sind bis heute bei der Unterführung des Gürtels durch die Schnellbahn an der Bahnböschung am Rande des Schweizer Gartens sowie im Hinterhof des Hauses Weyringergasse 13 im 4. Wiener Gemeindebezirk zu sehen.

Die Anlage der Gürtelstraße war letztlich eine fast notwendige Konsequenz der vorangegangenen wirtschaftlichen und sozialen Entwicklung, die wiederum durch staatliche Entscheidungen – Befestigungsanlagen und Steuergrenzen – geprägt worden war. Auch die im Bauzonenplan von 1893 vorgesehene Grobgliederung des Stadtgebietes in Wohn- und Gewerbe- bzw. Industriegebiete war im wesentlichen eine Festschreibung bzw. Verstärkung der in der Realität bereits eingetretenen Standortkonzentrationen.

Wie etwa 40 Jahre zuvor bei der Schleifung der Basteien eröffnete die Beseitigung des Linienwalls und der Linienamtsgebäude neue Möglichkeiten der Gestaltung. Anders als bei der Ringstraße beschränkten sich Staat und Stadt am Gürtel jedoch im besonderen auf die Errichtung der neuen Straße, der Stadtbahn und der begleitenden Wasserbauvorhaben (Wienflußregulierung). Ansonsten waren hauptsächlich private Investoren am Zug: Der Gürtel sollte ein breiter und imposanter Boulevard werden, vorwiegend gesäumt von Wohn- und Geschäftshäusern im Wechsel mit Kulturstätten, Sakralbauten, Gesundheitseinrichtungen sowie kommunalen Dienstleistungsbetrieben. Kultur und Vergnügen, Kirchen und Kapellen, Krankenhäuser und Versorgungseinrichtungen hatten seit alters her ihren Platz am Gürtel. Die beiden Stadterweiterungen, die Abtragung des Linienwalls und neue städteplanerische Ideen und Projekte beeinflußten zwar profane und kirchliche Vorhaben, ohne aber mit den traditionellen Funktionen der Gürtelgegend zu brechen.

Direkt an der Stelle des Währinger Linienamtes entstand etwa die Volksoper, die, ursprünglich in Währing gelegen, durch die Begradigung der ehemaligen Linienwalltrasse im Zuge der Anlage der Gürtelstraße und die dadurch bewirkte Änderung der Bezirksgrenzen 1906 in den 9. Bezirk „verschoben“ wurde. Am 13. Dezember 1898 wurde das Haus anläßlich des 50. Jahrestages des Regierungsantritts von Kaiser Franz Joseph feierlich eröffnet.

Wien 4/10, Belvedere-Linie und Oberes Belvedere. Aquarell von F. Köhler, 1891

Auf dem Programm standen das Festspiel „An der Währinger Linie“ von Franz Wolff und die „Hermannsschlacht“ von Heinrich von Kleist. Das architektonisch nicht hervorstechende Gebäude wurde von einem privaten Verein nach den Plänen von Freiherr Franz von Krauß und Alexander Graf errichtet. Da diesem Verein auch jüdische Bürger angehörten, übertrug das NS-Regime 1938 das Eigentum zwangsweise der Stadt Wien. 1946 wurde die Volksoper mit Staatsoper, Burg- und Akademietheater im Bundestheaterverband zusammengeschlossen. Bis 1955 mußte sie teilweise die zerstörte Staatsoper ersetzen. In den sechziger Jahren und im Jahr 1973 wurden Zubauten errichtet, die das Gebäude architektonisch noch unattraktiver machten. Eine Häuserzeile hinter dem inneren Gürtel, in der nach dem Linienwall benannten Wallgasse im 6. Bezirk, wurde 1893 das Raimundtheater mit Raimunds „Gefesselter Phantasie“ eröffnet. Auch die Initiative für dieses Theater ging von einem privaten Verein aus. Im Jahre 1890 wurde der Bau des Raimundtheaters als erster Theaterneubau nach der zweiten Stadterweiterung aus Anlaß des 100. Geburtstags von Ferdinand Raimund beschlossen und nach den Plänen von Franz Roth errichtet. Etwa zwei Jahrzehnte zuvor war der kühne Holzbau des legendären Thaliatheaters, Ort der Wiener Erstaufführung von Wagners „Tannhäuser“ nach nur 13 Jahren Betrieb abgetragen worden.

Auch als Standort von Sakralbauten hatte die Zone längs des Gürtels Tradition: Die an den Linientoren zur Andacht der Reisenden errichteten Nepomuk-Kapellen wurden zwar mit Ausnahme der Kapelle im St.-Johann-Park bei der Schönbrunner Straße im Zuge der Anlage der Gürtelstraße abgerissen, aber statt dessen entstanden neue Sakralbauten: Bereits bei der Schaffung des Arsenal-Komplexes (1849–1856) wurde dort eine Kirche errichtet, die im Mai 1856 von Kardinal Rauscher im Beisein des Kaisers als „Allerhöchstem Bau- und Kriegsherrn“ geweiht wurde, nachdem dieser selbst den Schlußstein eingemauert hatte. Die sogenannte „Zeughaus-Muttergottes“, die der Überlieferung nach 1848 wie durch ein Wunder die Erstürmung des Zeughauses in der Renngasse unversehrt überstanden hatte, brachte

Belvedere-Linie.
Photographie, um 1880

man in die Arsenalkirche. Sie verkörperte gleichsam die militärische Funktion des Arsenals als Bollwerk gegen jede aufkeimende revolutionäre Bewegung: Kaiser und Kirche im Bündnis gegen Unruhen und politische Opposition. Der kaisertreue Kardinal Rauscher war es auch, der „seine" Kirche, „Maria vom Siege", 1868 durch Grundsteinlegung begann und 1875 einweihte. Der monumentale Kuppelbau entstand nach den Plänen von Friedrich Schmidt, der auch das Wiener Rathaus entwarf, am Mariahilfer Gürtel. Ebenfalls direkt am Gürtel liegt die nach nur zweijähriger Bauzeit fertiggestellte und auch von Kardinal Rauscher 1862 eingeweihte Lazaristenkirche „Zur unbefleckten Empfängnis Mariae". Die Kirche wendet dem Gürtel den „Rücken" zu und öffnet sich zur Kaiserstraße hin. Anders die „Gürtelkirche im engsten Sinne", die Breitenfelder Pfarrkirche, die zeitgleich mit der Gürtelstraße direkt am Hernalser Gürtel bzw. am Uhlplatz entstand. Sie wurde 1893 bis 1898 nach den Plänen von Alexander Wielemann erbaut und dem heiligen Franz von Assisi geweiht. Die Kirche wendet das Hauptportal von der Gemeinde ab und dem neuen Gürtelboulevard zu.

Viel bescheidener dimensioniert ist die 1893 bis 1897 zwischen Stadtbahntrasse und innerer Gürtelfahrbahn von Otto Wagner errichtete Kapelle nahe der Währinger-Linie. Dieser erste Sakralbau Otto Wagners gilt als Modell der Kirche Am Steinhof: Das Kreuz bildet die Grundform, eine Kuppel ruht auf vier Pfeilern im Schnittpunkt der Kreuzarme.

Schließlich zog die Gürtelregion als Zone zwischen den Wiener Vorstädten und den Vororten seit jeher auch soziale Dienste bzw. Versorgungseinrichtungen an. Lange vor der Errichtung des Linienwalls, vermutlich schon in der ersten Hälfte des 13. Jahrhunderts, war im Raum St. Marx, der seinen Namen von der im 14. Jahrhundert errichteten Markus-(Marx)-Kapelle erhalten hatte, ein Siechenhaus außerhalb der Ortschaften zur Pflege von Aussätzigen und Menschen mit anderen ansteckenden Krankheiten entstanden. Durch Stiftungen wuchs das Siechenhaus und erhielt statt der bewußten Kapelle eine Kirche. Als „Bürgerspital

St. Marx" wurde es während der ersten Türkenbelagerung völlig zerstört, dann wieder aufgebaut. Nach neuerlicher Zerstörung wurde die Krankenpflege in das Bürgerspital innerhalb der Wiener Stadtmauern – zwischen Kärntner Straße und Lobkowitzplatz – transferiert. St. Marx machte man zur Sonderanstalt für ansteckende Krankheiten, Klinik für unehelich Gebärende und Irrenanstalt.

Nach der Neugründung des Allgemeinen Krankenhauses in der Alser Vorstadt unter Josef II. wurden sowohl das Bürgerspital innerhalb der Stadtmauern als auch die Sonderanstalt St. Marx dorthin verlegt. Die Anstalt wurde Pflegeheim für Alte und unheilbar Kranke. 1861 übersiedelte das Versorgungshaus St. Marx ebenfalls in den 9. Bezirk, in die Währinger Straße 45. Nach dem Zweiten Weltkrieg entstanden auf dem Areal von St. Marx soziale Wohnbauten. Ebenfalls als private Vereinsgründung entstand ab 1879 beim Neubaugürtel das Sophienspital, das 1900 vom Wiener k.k. Krankenanstaltenfonds übernommen und nach wechselvoller Geschichte bis 1986 als Spital betrieben wurde. Heute ist darin ein Alten- und Pflegeheim untergebracht. Im 8. Bezirk, nahe dem Gürtel, existierten von 1830 bis 1980 Einrichtungen für blinde Menschen, die von Sehbehinderten in ganz Wien in Anspruch genommen wurden. Das Gebäude des Blindenverbandes am inneren Gürtel bei der U-Bahn-Station Gumpendorfer Straße wurde nach kompletter Renovierung Ende 1997 zum Zentrum der Aids-Hilfe.

Eine besondere Einrichtung für invalide Offiziere entstand 1799 am Außengürtel zwischen Friedmanngasse und Gaullachergasse: das Van Yppensche Invalidenhaus. 1876 wurde für die Militärinvaliden auf dem Areal ein Gebäude errichtet, das heute Wohnungen für Angehörige des Bundesheeres bzw. deren Hinterbliebene beherbergt. Sanitätsstationen und andere traditionelle Einrichtungen wie das Sanatorium Hera in der Lustkandlgasse, ein Straßenzug hinter dem Innengürtel, rundeten das Bild von der „Versorgungszone Gürtel" ab. Ein besonders renommiertes Spital, das Krankenhaus der Israelitischen Kultusgemeinde am Währinger Gürtel, fiel dem Nazi-Terror und den Wirren des Zweiten Weltkriegs zum Opfer. Das 1870 bis 1873 erbaute Spital wurde 1902 von Baron Albert von Rothschild großzügig ausgebaut und noch 1924 aufwendig modernisiert. Im Jahr 1938 erfaßten Pogrome das Haus, das 1945 schwer beschädigt und 10 Jahre später zur Gänze abgetragen wurde: Auf dem Gebäude wurde in den Jahren 1960 bis 1963 das Wirtschaftsförderungsinstitut der Kammer der Gewerblichen Wirtschaft errichtet.

Der Westgürtel zwischen Spittelau und Wiental wurde 1906 fertiggestellt. Der Südgürtel mußte in den folgenden Jahren umgeplant werden – ein Teil konnte wegen des Bahnkörpers der Südbahn nicht voll ausgebaut werden. Die ursprünglich vorgesehenen Projekte zur Verlängerung des Gürtels – von der Spittelau nach Floridsdorf und von St. Marx nach Stadlau – fielen dem Untergang der Donaumonarchie zum Opfer. Der Zerfall des österreichisch-ungarischen Reiches ließ Wien zur überdimensionierten, aus dem Zentrum des Landes verdrängten Hauptstadt

Matzleinsdorfer-Linie.
Photographie, um 1880

eines Kleinstaates werden, der nur etwa ein Achtel der Bevölkerungszahl des alten Reichs von ursprünglich an die 52 Millionen Menschen aufwies. Die Stadt Wien wurde 1918 ihrer weitgespannten Beziehungen beraubt; der staatliche Verwaltungsapparat mußte reduziert, das Wirtschaftsleben umgestellt werden. Wien verlor etwa 350 000 EinwohnerInnen und wurde ein eigenes Bundesland.

Der Ausgang des Ersten Weltkriegs beeinflußte die städtebauliche Entwicklung maßgeblich. Die Realisierung der 1914 fertig ausgearbeiteten bzw. planerisch sehr weit gediehenen Großbauvorhaben wurde zurückgestellt. Bereits damals waren die Pläne für ein Wiener U-Bahn-Netz, eine Teilung des Donaustromes bzw. die Anlage einer Donauinsel zwecks besserer Beherrschung von Hochwässern sowie die Errichtung des Donau-Oder-Kanals als europäischer Wasserstraße praktisch fertig. Auch die Frage eines Zentralbahnhofs für Wien anstelle der am Linienwall angelegten Kopfbahnhöfe der Süd- und Westbahn war bereits vor dem Ersten Weltkrieg zur Diskussion gestellt worden. Alle diese Vorhaben kamen erst Jahrzehnte später wieder in die öffentliche Debatte.

Nach dem Zweiten Weltkrieg galten alle Anstrengungen des Staates und der Stadt zunächst dem Wiederaufbau. Am Gürtel, einer zentralen Lebensader der Stadt, hatte der Krieg schwere

Matzleinsdorfer-Linie.
Photographie, um 1880

Schäden hinterlassen. Die Bahnhöfe waren zerstört und mußten neu gebaut werden. So wurde 1951 der nach den Plänen von Robert Hartinger errichtete Westbahnhof wiedereröffnet. Ruinen wurden abgetragen und durch Neubauten ersetzt. Ohne grundsätzliche städtebauliche Diskussion über den Gürtel und sein Hinterland entstanden weitere Großbauvorhaben.

1952 beschloß der Wiener Gemeinderat den Bau einer Stadthalle auf einer Fläche am Vogelweidplatz in Fünfhaus, großteils auf dem Areal des ehemaligen Schmelzer Friedhofs, der von Josef II. nach der Schließung der Vorstadtfriedhöfe 1784 außerhalb der Linie errichtet worden war. Der Märzpark vor der Stadthalle erhielt seinen Namen von den Opfern der revolutionären Unruhen im März 1848, die auf dem Schmelzer Friedhof (und auf dem ehemaligen Friedhof im Währinger Park) bestattet, dann exhumiert und schließlich auf dem Zentralfriedhof beigesetzt wurden.

Die nach den Plänen von Architekt Roland Rainer erbaute Stadthalle wurde im Juni 1958 eröffnet. Sie faßt in ihrer variablen Haupthalle zwischen 3 000 und 14 000 BesucherInnen. Drei weitere Hallen ergänzen das Angebot, das 1974 noch um ein Hallenbad erweitert wurde.

Der Neubau des Allgemeinen Krankenhauses, bereits 1905(!) begonnen, wurde 1914 bei Ausbruch des Weltkriegs unterbrochen. 1968 wurden die Arbeiten nach neuen, seit 1958 diskutierten Plänen wieder aufgenommen und erst 1992 weitgehend abgeschlossen. Planung, Errichtung und Betrieb waren von heftiger öffentlicher Kritik und von Skandalen überschattet.

Heute prägen die beiden riesigen Bettentürme die Wiener Skyline am Gürtel. Der gewaltige Komplex umfaßt rund 350 000 Quadrat-

Matzleinsdorfer-Linie.
Photographie, um 1880

„Sommer-Arena" bei der Reinprechtsdorfer Straße.
Photographie, um 1890

meter Nutzfläche und etwa 3 600 000 Kubikmeter umbauten Raum. Die Erreichbarkeit des Spitals an der „Gürtelautobahn" ist durch eine Tunnelzufahrt für Rettungsfahrzeuge und durch einen Fußsteg über die Gürtelfahrbahnen sichergestellt.

Vor allem am Südgürtel entstanden neue soziale Wohnhausanlagen ebenso wie Kirchenneubauten, etwa die Pfarre Neumargareten am Außengürtel in Meidling, unweit der einzigen erhaltenen Linienwallkapelle an der Schönbrunner Straße. Die alten Einkehrgasthöfe wandelten sich zu Hotels, jedes mit einer besonderen Geschichte. Das berühmte Hotel Wimberger (1871) mit seinem prunkvollen Festsaal und den wundervollen Fresken brannte 1986 just bei der Demonstration eines angeblich feuerfesten Vorhangs nieder und wurde 1994 wieder eröffnet.

Markante Veränderungen betrafen auch die beiden Endpunkte des Gürtelbogens: An der Spittelauer Lände wurde ab 1967 das größte österreichische Fernheizwerk mit integrierter Müllverbrennungsanlage an der Stelle des Maschinenhauses der ehemaligen Kaiser-Ferdinands-Wasserleitung gebaut. Bei einem Großbrand im Mai 1987 konnten Hunderte Feuerwehrleute ein Übergreifen der Flammen auf riesige Öltanks und damit eine unvorstellbare Katastrophe für die dichtbesiedelte Gegend verhindern. Trotz massiver BürgerInnenproteste gegen die Müllverbrennung im Wohngebiet wurde die Anlage – nunmehr mit neuer Rauchgaswäsche – wiedererrichtet und von Friedensreich Hundertwasser außen behübscht. Seit 1993 wird der Zweckbau mit der riesigen, 20 Meter im Durchmesser betragenden Goldkugel auf dem 126 Meter hohen Kamin sogar nächtens beleuchtet.

Am nicht ausgeführten anderen Ende des Gürtels, in St. Marx, kam es 1976 zur mittlerweile legendären „Arena-Besetzung": Im Zuge der Wiener Festwochen wurden im ehemaligen Auslandsschlachthof diverse Veranstaltungen für Jugendliche abgehalten. Nach Beendigung des Programms nahmen junge Leute den Veranstaltungsort kurzerhand in Besitz, um auf die Weise den geplanten Abbruch des Gebäudes zu verhindern und die „Arena“ als autonomes Kultur- und Kommunikationszentrum weiterzuführen.

Nach zähen Verhandlungen erhielten die Jugendlichen schließlich den gleichfalls leerstehenden Inlandsschlachthof zur Verfügung, der heute ein Jugend- und Kulturzentrum beherbergt, während der Auslandsschlachthof einem neuen Textilzentrum gewichen ist.

Stadtentwicklung „passierte“ am Gürtel laufend; ein bewußter öffentlicher Diskurs über künftige Gestaltungschancen setzte erst wieder in den siebziger Jahren des 20. Jahrhunderts ein, erzwungen durch Prozesse sozialen und ökologischen Verfalls.

Exkurs: Die Wiener Stadtbahn und der Wienfluß

Wien 5, Matzleinsdorfer-Linie. Blick auf das Linienamt und die Linienkapelle. Photographie, um 1890

Kurz vor der ersten Stadterweiterung besorgten Lohnkutschen, Stellwagen (Pferde-Omnibusse) oder „Zeiserlwagen“ (ungefederte Leiterwagen mit Sitzbrettern und einer Schutzplane bei Regen) den innerstädtischen Verkehr. Noch 1845 gab es in Wien rund 700 Lohnkutschen und 100 Stellwagen.

Der Generalsekretär der Kaiser-Ferdinands-Nordbahn, Heinrich Sichrowsky, hatte 1843 an der Eröffnungsfahrt der „atmosphärischen Bahn“ Kingstown – Dalkey (Irland) teilgenommen und war von diesem Erlebnis tief beeindruckt. Nach seiner Rückkehr 1844 suchte er um die Bewilligung zum Bau einer ähnlichen Bahn in Wien an, die vom Äußeren Burgtor entlang des linken Wienufers bis zum Brauhaus nach Hütteldorf führen sollte. Der Plan scheiterte, da die Aufbringung der erforderlichen zwei Millionen Gulden für eine Aktiengesellschaft nicht gelang; das Projekt einer innerstädtischen Bahnverbindung wurde als „Vergnügungsbahn“ abgetan und für unnotwendig erklärt.

Diesem ersten Stadtbahnprojekt folgten mehr als 30 weitere, ehe Wien tatsächlich eine Stadtbahn erhielt. Das Vorhaben entwickelte sich auch deshalb so zäh, weil die offiziellen Stellen ein anderes Projekt für vordringlich erachteten, nämlich die Verbindung zwischen Nordbahnhof und Südbahnhof, insbesondere für Gütertransporte, aber auch aus militärischen Überlegungen.

Laut kaiserlicher Entschließung vom Dezember 1846 sollte diese Bahn als Pferdebahn erbaut werden, die Straßenbrücke über den Donaukanal (alte Franzensbrücke) mitbenützen und an das Wiener Hauptzollamt (Landstraße) angebunden werden.

1857/59 wurde sie dann doch als Lokomotivbahn zwischen Nord- und Südbahnhof eröffnet. Diese reine Güterbahn verlängerte man 1861 über Unter-Hetzendorf bis Penzing zur Westbahn – zur selben Zeit, als die kaiserlichen Entscheidungen betreffend die

Nußdorfer-Linie. Photographie, um 1880

Schleifung der inneren Befestigungsanlagen und die Verbauung der Glacis-Gründe fielen.

Etliche Architekten, die sich am städtebaulichen Wettbewerb 1893 beteiligen sollen, legten auch Konzepte für die verschiedenen Stadtbahnlinien vor. Aber all diese ambitionierten Projekte, die nicht nur ein attraktives Netz von Stadtbahnen, sondern auch Vorschläge zur Errichtung eines Zentralbahnhofes bzw. zur Regulierung des Wienflusses vorsahen, scheiterten an den hohen Kosten. Durch die gewaltigen Infrastrukturprojekte der Gründerzeit und die kommunalen Großbauvorhaben war der Geldmarkt längst überfordert. Schließlich kam es durch übermäßige Börsenspekulation im Mai 1873, also im Jahr der ebenfalls mit hohen Kosten verbundenen Weltausstellung in Wien, zum berüchtigten „Schwarzen Freitag". Danach war der Investitionsboom der späten Gründerzeit für mehr als ein Jahrzehnt gehemmt.

Dennoch hatte man im Weltausstellungsjahr versuchsweise auf der Verbindungsbahn zwischen Praterstern und der Südbahnstation Meidling Personenzüge geführt, aber um einen regelmäßigen Linienverkehr für Fahrgäste einzurichten, war die Nachfrage noch zu gering, so daß der Versuchsbetrieb bald wieder eingestellt wurde.

Endlich suchten im Juni 1881 die englischen Ingenieure Bunton und Fogerty um Genehmigung zum Bau eines Stadtbahnnetzes an. Ihr Vorschlag war der bis dahin dreißigste Entwurf, und er löste – wie die vorangegangenen Projekte auch – heftige Debatten

Nußdorfer-Linie.
Photographie, um 1880

hinsichtlich der Pros und Contras eines Wiener Stadtbahnsystems aus. Die Pläne des Ingenieurduos umfaßten ein Netz von 19 Kilometern Länge, dessen Gesamtkosten von rund 36 Millionen Gulden ausschließlich privat finanziert werden sollten. Kernstück des Entwurfes war ein Zentralbahnhof am Franz-Josephs-Kai nahe der Augartenbrücke. Das Projekt sah Anbindungen zu den Wiener Bahnhöfen vor und sollte teils als Hochbahn, teils als Tiefbahn in offenen Einschnitten geführt werden.

Trotz etlicher Einwände des Magistrats erteilte das Handelsministerium im Jänner 1883 den Bewerbern die Konzession, doch legte es ihnen die Pflicht auf, sich mit der Gemeinde Wien über die Trassenführung im Unteren Wiental zu einigen. Überdies mußten die Bewerber eine Sicherstellung von einer Million Gulden erlegen.

Im Zuge der Gürtel- und Stadtbahnplanungen mußte die Stadt die immer wieder hinausgeschobene Frage des Hochwasserschutzes bzw. der Wienflußregulierung ernsthaft angehen. 1630 war ein Teil des Ortes Penzing für immer im Wienfluß verschwunden. Schwere Schäden richteten Hochwässer in den Jahren 1741, 1785, 1819 und 1851 an. 1785 stieg der Pegel der Wien nach einem Wolkenbruch in zehn Minuten um neun Meter an. Die Räume von Schloß Schönbrunn standen zwei Meter unter Wasser! 1814 bis 1817 wurden erste größere Maßnahmen gesetzt, die Uferböschungen gepflastert und das Flußbett vertieft – was allerdings bei Jahrhunderthochwässern nicht ausreichend war. Ab 1848 trat neben das Anliegen des Hochwasserschutzes auch die Forderung nach öffentlichen Großinvestitionen zwecks Bekämpfung der Massenarbeitslosigkeit. Bis 1873 sind allein 23 Entwürfe zur Lösung der Wienfluß-Problematik dokumentiert: Die Pläne reichten von der Schiffbarmachung der Wien über eine Ableitung des Flusses bei St. Veit in die Liesing samt Umwandlung des leeren Flußbettes in eine Boulevard-Straße bis hin zur Ablenkung der Wien bei der Meidlinger Brücke, von wo aus das Wasser über den Gürtel bis nach Erdberg fließen und dort in die Donau eingeleitet werden sollte.

Der Gemeinderat von Wien genehmigte im Jahr 1883 zwar grundsätzlich die Pläne des Stadtbauamtes für die Wienfluß-regulierung und die Schaffung eines Stadtbahnnetzes, erhob aber Einspruch gegen das Projekt von Bunton und Fogerty und gegen die Konzessionserteilung. Daraufhin waren potentielle Finanziers nicht mehr bereit, dieses private Stadtbahnprojekt zu unterstützen. Einflußreicher Gegner eines Stadt- bzw. Schnellbahnnetzes in den Vororten und Vorstädten war nicht zuletzt der bekannte Kommunalpolitiker und spätere Bürgermeister Lueger. Er machte auch kein Hehl aus seinen Motiven: Schnelle und leistungsfähige Massenbeförderungsmittel im Großraum Wien würden die Mobilität der Bevölkerung erhöhen und so das Niveau der Mietzinse drücken – Lueger fürchtete ganz offensichtlich um die Gunst der Hausherren bei kommenden Wahlen. Schließlich zogen sich die beiden Konzessionäre zurück, die Konzession erlosch im März 1886 und die Sicherstellung von einer Million Gulden verfiel. So kam die Stadtbahn zwar nicht in ausländische Hände, sie wurde aber auch nicht gebaut. Der öffentliche Verkehr beschränkte sich weiterhin auf die völlig überfüllten und überlasteten Straßenbahnen, da auch die Grundsatzpläne des Wiener Stadtbauamtes nicht realisiert wurden.

Tatsächliche Folgen zeitigten erst die Vorstellungen der „Commission für Wiener Verkehrsanlagen“, die im Oktober 1890 aus Anlaß der zweiten Stadterweiterung bzw. der Eingliederung der Vororte in das Stadtgebiet zusammengerufen wurde. Ihr Auftrag war nicht nur, die Stadtbahn-Frage in Angriff zu nehmen, sondern auch die Wienflußregulierung, den Bau von Sammelkanälen längs des Donaukanals und den Ausbau des Donaukanals zu einem vor Hochwasser geschützten Handels- und Winterhafen.

Die Kommission schlug ein relativ dichtes Netz an Stadtbahnen vor: Neben der Gürtel-, der Donaukanal- und der Wientallinie trat die Kommission auch für eine Vorortelinie von Heiligenstadt nach Penzing ein und für eine Donaustadtlinie sowie eine Innere Ringlinie, die in ihrem Verlauf etwa der späteren 2er-Linie ent-

Nußdorfer-Linie. Photographie, um 1880

sprach. Dieses Grundnetz sollte noch durch eine Anzahl sekundärer Strecken erweitert werden. Hätte man damals dieses Netz tatsächlich gebaut, wäre die spätere U-Bahn-Diskussion wahrscheinlich nie begonnen worden.

Mit Gesetz vom 6. Februar 1892 wurde der Bau der Wiener Stadtbahn sanktioniert. Die Realisierungsphase gestaltete sich jedoch äußerst schwierig: Probleme mit Grundablösen, mit Anrainerprotesten und der Technik traten auf. Auch die verheerenden Hochwässer des Wienflusses setzten dem Stadtbahnbau stark zu: Im Juli 1897 verwüstete die nach dreitägigen Unwettern zu einem reißenden Fluß angeschwollene Wien die Stadtbahn-Baustellen, und im April 1900 wurden große Mengen bereitliegenden Baumaterials weggeschwemmt und vernichtet. Die endgültige Regulierung der Wien erfolgte auf der 17 Kilometer langen Strecke von Weidlingau bis zum Donaukanal in den Jahren 1894 bis 1901, also zugleich mit dem Stadtbahnbau. In drei Abschnitten wurde der Fluß überwölbt: vor dem Schloß Schönbrunn, zwischen den heutigen U-Bahn-Stationen Margaretengürtel und Längenfeldgasse und zwischen der Kettenbrückengasse und dem Stadtpark. Die Hochwässer 1996 und 1997 bewiesen die Notwendigkeit dieser großzügigen Schutzbauten!

Aufgrund der genannten Schwierigkeiten mußten auch die ursprünglichen Pläne teilweise abgeändert werden: Auf den Bau der Donaustadtlinie und der Inneren Ringlinie wurde stillschweigend verzichtet. Die Führung der Wientallinie wurde schließlich am rechten Wienflußufer festgelegt. Damit war die geplante Trasse Wienzeile – Gürtelstraße wegen des zu großen Höhenunterschiedes unausführbar. Zwischen den heutigen Haltestellen bei der Gumpendorfer Straße bzw. am Margaretengürtel wären 11 bis 14 Meter Niveauunterschied zu bewältigen gewesen, was technisch in einer relativ kurzen Kurve nicht möglich war. Bei der Vorortelinie reduzierte man aus Kostengründen die Pläne auf eine eingleisige Ausführung. Die reale Grundlage des Stadtbahnbaus bildeten letztlich die abgeänderten Vorschläge der Kommission. Die Vorstellungen jener Städteplaner und Architekten, die

Schönbrunner-Linie. Photographie, um 1880

Schönbrunner-Linie.
Photographie, um 1880

sich an der Wiener Generalregulierungskonkurrenz von 1892 beteiligt hatten, lieferten höchstens Detailanregungen. Dem Handelsminister Graf Wurmbrandt, einem großen Kunstfreund, ist es zuzuschreiben, daß der damalige Oberbaurat Professor Otto Wagner als künstlerischer Beirat in die Baukommission berufen wurde. Die Stadtbahn müßte auch äußerlich der Reichshauptstadt würdig sein. Alle Bahnhöfe, Brücken usw. sollten ein einheitliches Gepräge haben. So entstanden dann auch jene im heutigen Stadtbild so charakteristischen und vielbewunderten Jugendstilstationsgebäude mit ihren großen Kassenhallen und breiten Stiegenhäusern. Der damalige Zeitgeschmack empfand die Bauten als bizarr.

Nicht zuletzt aufgrund der ästhetischen Ansprüche explodierten die Baukosten, die zu 87,5 Prozent vom Staat, zu fünf Prozent vom Land Niederösterreich und zu 7,5 Prozent von der Stadt Wien aufgebracht werden mußten. Der geringe Beitrag der Hauptnutzerin Gemeinde Wien erklärt sich aus der Kostentragung für die gleichzeitig in Angriff genommenen Großprojekte der Wienflußregulierung und des Kanalbaus. Das Finanzministerium hatte weitere Zuschüsse zur Finanzierung der Kostensteigerungen des Stadtbahnbaus abgelehnt, so daß es, da Einsparungen bei den prunkvollen Hochbauten nicht vorgenommen wurden, zu Restriktionen auf betrieblichem Gebiet bzw. bei der Dichte des Netzes kam. Letztlich kostete das 38,8 Kilometer lange Stadtbahnnetz, das ursprünglich mit 72 Millionen Gulden veranschlagt war, insgesamt 137,6 Millionen Kronen (1 Krone entspricht ungefähr 40 Schilling), also 3,6 Millionen pro Kilometer.

Im Mai 1898 fanden endlich Probe- und Einschulungsfahrten auf der Vorortelinie, der Oberen Wiental- und der Gürtellinie statt. Bereits in diesem ersten Betriebsjahr verfügte die Wiener Stadtbahn über 559 Personenwagen, deren Zahl sich bis 1903 auf 861 steigerte. Die Zahl der Fahrgäste schwankte stark. 1899 fuhren auf der Vorortelinie 1 400 bis 21 000 Personen, auf der Gürtel- und Wientallinie 11 800 bis 21 000 Personen pro Tag. Es gab jedoch Spitzen, an welchen über 200 000 Reisende die Stadtbahn benutzten. Insgesamt war die Auslastung mäßig, besonders die Züge der Vorortelinie waren sehr schwach besetzt.

Zur Zeit der Errichtung der Wiener Stadtbahn wurden in anderen europäischen Großstädten, unter anderem auch in Wiens Schwesterstadt Budapest, bereits elektrisch betriebene Stadt- oder Untergrundbahnen ausgeführt. Auch für die Wiener Stadtbahn erfolgte 1897 eine Offertausschreibung zur Umrüstung auf elektrischen Betrieb; 1889 wurde ein elektrischer Probebetrieb zwischen Michelbeuern und Heiligenstadt eingerichtet. Trotz der ermutigenden Ergebnisse der Probefahrten wurde dieser Versuchsbetrieb 1902 eingestellt, die Anlagen wurden abgetragen und die Fahrzeuge wieder für den Dampfbetrieb umgerüstet. So blieben die Belastungen der Umgebung durch Ruß- und Rauchentwicklung der Dampflokomotiven bestehen. Der für die Dampftraktion notwendige hohe Personalstand der Wiener Stadtbahn führte zu wachsenden Defiziten beim Betriebsergebnis, so daß im Jahre 1909 der Abgang knapp zwei Millionen Kronen betrug!

Bedingt durch die wirtschaftlichen Schwierigkeiten im Gefolge des Ersten Weltkriegs wurde der Stadtbahnbetrieb stillgelegt. Die chronische Überlastung der Straßenbahnen führte in der Nachkriegszeit zum Ruf nach Wiedereröffnung. Die Bundesbahnen, die zuvor den schwer defizitären Stadtbahnbetrieb unterhielten, waren an einer Wiederaufnahme nicht interessiert. Im August 1923 trat daher die Gemeinde Wien mit dem Anliegen um Überlassung der Wiener Stadtbahn an das staatliche Eisenbahnunternehmen (damals BBÖ) heran. Nach schwierigen Verhandlungen wurde im März 1924 ein Pacht- und Betriebsvertrag unterzeichnet, welcher der Gemeinde Wien die Stadtbahnlinien mit Ausnahme der Vorortelinie für einen Zeitraum von 30 Jahren überließ. Dieser Vertrag sah auch die Verpflichtung zur Elektrifizierung und zur Bereitstellung des rollenden Wagenmaterials vor. Der Vertragszeitraum wurde ursprünglich deshalb so lange festgelegt, um der Gemeinde Wien die Adaptierungen für den Betrieb einer „straßenbahntauglichen“ Stadtbahn anstelle einer innerstädtischen Eisenbahn (Schnellbahn) zu ermöglichen. Die neuen Fahrzeuge hatten Straßenbahnprofil, weshalb in allen Bahnhöfen die Gleisachse näher an die Bahnsteige verschoben und angehoben werden mußte. In Hütteldorf und Heiligenstadt wurden die bisher zusammenhängenden Bahnanlagen der Stadtbahn bzw. der Bundesbahn getrennt. Es wurden Umkehrschleifen angelegt und Betriebsbahnhöfe errichtet. Die ursprüngliche Laufzeit des Vertrages konnte bereits nach zehn Jahren gekündigt werden. Ab dem Herbst 1925 war das gesamte Wiener Stadtbahnnetz elektrisch befahrbar.

St.-Marxer-Linie.
Photographie, um 1880

Die damaligen Netz- und Systementscheidungen prägen bis heute wesentlich den öffentlichen Verkehr in Wien. Die Knappheit an öffentlichen Mitteln und die mangelnde Kooperation zwischen dem „Roten Wien" der Nachkriegszeit und dem „schwarzen" niederösterreichischen Umland verhinderten damals eine Verbindung aller Bahnhöfe im Stadtgebiet mit einem hochrangigen innerstädtischen Verkehrsmittel und die Festlegung auf ein einheitliches System von öffentlichen Hochleistungsverbindungen innerhalb der Stadt. Durch den technisch und ökonomisch erzwungenen Verzicht auf eine direkte Stadtbahnverbindung zwischen dem Westgürtel und dem Südgürtel in Form einer bogenförmigen Verbindung von der Station Gumpendorfer Straße zum Margaretengürtel konnte die Anbindung der Gürtelstadtbahn an den Südbahnhof nur mittels einer Stadt-Straßenbahn (Linie 18G) ausgeführt werden, so daß bei der Gumpendorfer Straße die Stadtbahn auf das Straßenbahnnetz wechselte und über den Margaretengürtel bis zum Südbahnhof als Straßenbahn fuhr.

Die Festlegungen der Jahrhundertwende erklären die Tatsache, daß es in Wien heute neben dem auf U-Bahn-Betrieb umgestellten Stadtbahnnetz lediglich eine Eisenbahnverbindung (Schnellbahn) quer durch das Stadtgebiet gibt, und zwar von Meidling via Landstraße („Wien Mitte") zum Praterstern („Wien Nord").

Diese Bahntrasse geht auf den sogenannten Wiener Neustädter Kanal zurück, der Ende des 18. Jahrhunderts zwischen dem heutigen Bahnhof Landstraße (Hauptzollamt) und Wiener Neustadt angelegt wurde, um Massengüter (insbesondere Kohle) billig in die Stadt transportieren zu können. Der Wiener Neustädter Kanal war ursprünglich Teil des viel größeren, niemals verwirklichten Projektes einer durchgehenden Wasserstraße von Wien bis zur Adria. Im 19. Jahrhundert zweigte man dem Kanal immer mehr Wasser ab, zuerst zur Bewässerung der kaiserlichen Gärten in der Ungargasse, dann für kommunale Zwecke, etwa für die Unratbeseitigung entlang des Wienflusses. Schließlich wurde 1874 aus der Kanalbetriebsgesellschaft ein Eisenbahnunternehmen (Austro-Belgische Eisenbahngesellschaft), und der innerstädtische Kanal wurde zur vertieften Eisenbahntrasse.

Nach der feierlichen Eröffnung des elektrifizierten Stadtbahn-Gesamtnetzes durch Bürgermeister Karl Seitz am 20. Oktober 1925 trat hinsichtlich der Weiterentwicklung des Netzes hochrangiger öffentlicher Schienenverbindungen in Wien weitgehend Stillstand ein. Da und dort gab es Modernisierungen und Verbesserungen der Betriebseinrichtungen (Betriebsbahnhöfe). Die frühen U-Bahn-Konzepte wurden nicht weiter verfolgt. Im Vergleich dazu verlief die Entwicklung in anderen europäischen Städten sehr unterschiedlich. Die erste elektrische U-Bahn des europäischen Kontinents war die 1896 eröffnete Franz-Josephs-Linie in Pest (Budapest). Die erste Röhrenbahn der Welt, welche vom Towerhill über 400 Meter unter der Themse hinweg bis zur Vinestreet führte, wurde sogar schon 1870 eröffnet. In Wien hingegen hatten die politischen Anstrengungen rund um die späte Beseitigung der Befestigungsanlagen, die großen Investitionsvorhaben im Zuge der zweiten Stadterweiterung und die immer heftigeren Konflikte der späten k.u.k. Monarchie soviel Kraft bzw. Geld gekostet, daß ein dichtes Netz hochrangiger innerstädtischer Schienenverbindungen zunächst Utopie blieb.

Weder in der ökonomisch schwierigen Zwischenkriegszeit noch in den Wiederaufbaujahren nach dem Zweiten Weltkrieg, der die Wiener Stadtbahn stark in Mitleidenschaft gezogen hatte, war an eine Fortführung der anspruchsvollen Konzeptionen der Jahrhundertwende zu denken. Erst Mitte der sechziger Jahre des 20. Jahrhunderts kam die U-Bahn-Idee wieder stärker in die öffentlichen Debatten, und schließlich faßte der Wiener Gemeinderat im Jänner 1968 einen Grundsatzbeschluß betreffend die Schaffung eines Wiener U-Bahn-Netzes. Die Donaukanallinie der Stadtbahn wurde zur U-Bahn-Linie Nr. 4 umgestaltet, auf der Gürtelstrecke ersetzt die U6 die Stadtbahn. Im Dezember 1972 begannen die Probefahrten mit U-Bahn-Garnituren auf der Teilstrecke Heiligenstadt – Friedensbrücke. Für den U-Bahn-Verkehr wurde übrigens der Linksverkehr der alten Stadtbahn umgestellt. In den Folgejahren kamen weitere U-Bahn-Linien bzw. Verlängerungen bestehender Linien – zuletzt die Verlängerung der U6-Gürtel-Linie nach Siebenhirten einerseits bzw. Floridsdorf andererseits – hinzu. Im Zuge des U-Bahn-Baus wurden die bestehenden Anlagen und Stationsgebäude renoviert und modernisiert. Teilweise wurden auch neue Stationen geschaffen und die erforder-

Hundsthurmer-Linie.
Photographie, um 1880

lichen Stationsgebäude in modernem Stil und moderner Bauweise ausgeführt. Insgesamt wurde dabei der Charakter der Stadtbahnanlagen von Otto Wagner nicht wesentlich verändert.

Die teilweise massive Kritik hinsichtlich der Kostentransparenz des Wiener U-Bahn-Baues und der noch weiter auf die Spitze getriebenen Unterschiedlichkeit der technischen Systeme – auf der Gürtellinie U6 wurde ein dem seinerzeitigen Stadtbahnverkehr angenähertes System beibehalten, während auf den anderen U-Bahn-Linien die sogenannten Silberpfeilzüge verkehren –, soll an dieser Stelle nicht unerwähnt bleiben, wirkte sich jedoch für den Wiener Gürtel und seine Umgebung nicht besonders aus. Andere Entscheidungen im Bereich des öffentlichen Verkehrswesens prägten sehr wohl die weitere Entwicklung des Gürtels. Die parallel laufende Straßenbahnlinie Nr. 8 wurde anläßlich der Umstellung der Gürtellinie vom Stadtbahn- auf den U-Bahn-Betrieb im Jahr 1990 eingestellt, die Gleisanlagen teilweise entfernt. Mangels umsetzungsreifer Pläne für die Weiterentwicklung des Gürtels nahm der mittlerweile gewaltig angewachsene motorisierte Straßenverkehr von etlichen Abschnitten der ehemaligen 8er-Trasse Besitz: Zwischen Stadtbahnarchitektur und der äußeren Fahrbahn am Westgürtel entstanden neue Parkplätze. Angesichts der bereits ausufernden Belastungen durch den Straßenverkehr war dies wohl eine nahezu logische, in städteplanerischer Hinsicht aber sicherlich alles andere als erwünschte Entwicklung.

III. Urbane Veränderung

Die Wiederentdeckung einer verkommenen Prachtstraße

Nach der intensiven Stadtplanungs- und Bauphase der Jahrhundertwende, die zur Anlage der Gürtelstraße und der Stadtbahn führte, traten andere städtische Anliegen in den Vordergrund. Die Bedeutung von Grünzonen für die Lebensqualität in der Stadt wurde erkannt. Am 15. Mai 1904 richtete Bürgermeister Dr. Karl Lueger folgenden Erlaß an den damaligen Magistratsdirektor: „Im Interesse einer dauernden Sicherung der Gesundheitsverhältnisse unserer Stadt sowie zur Erhaltung des landschaftlich schönen Rahmens, der Wiens Grenzen schmückt, will ich einen Wald- und Wiesengürtel an der Peripherie der Stadt, angepaßt den heute dort bestehenden Verhältnissen, in entsprechender Breite von den Hängen des Leopolds- und Kahlenberges bis zur Donau im Bezirksteil Kaiser Ebersdorf für alle Zeiten festlegen. Hiebei ist auch auf die Anlage einer aussichtsreichen, mit Baumreihen versehenen Hochstraße Bedacht zu nehmen." Das Projekt der Höhenstraße wurde tatsächlich 1905 ausgearbeitet, jedoch erst später realisiert.

Nach dem Ersten Weltkrieg stand der Kampf gegen Wohnungsnot und Arbeitslosigkeit im Vordergrund. Hand in Hand mit der sozialen Wohnbautätigkeit wurde der Rechtsschutz der MieterInnen verbessert: Das Mieterschutzgesetz brachte Schutz vor willkürlichen Kündigungen und vor Zinswucher. Allerdings führte das Einfrieren der Mietzinse auf einem bald schon unwirtschaftlichen Niveau (sogenannte Friedenskrone) zu einem völligen Desinteresse privater InvestorInnen an Wohnbauvorhaben und zur Immobilität auf dem Wohnungsmarkt. Die Preisunterschiede zwischen den Wohngegenden innerhalb und außerhalb des Gürtels wurden auf diese Weise einzementiert. In den billigeren Wiener Wohngegenden der ehemaligen Vororte außerhalb der Linie reichten die Mieteinnahmen eines Hauses bald nicht mehr für die notwendigsten Erhaltungsinvestitionen und der besonders starke Verfalls- und Verelendungsprozeß in den vor der Jahrhundertwende boomenden Gegenden um den Außengürtel schritt rapid voran.

Die Hochkonjunktur der Sozial- und Wohnbaupolitik im Wien der Zwischenkriegszeit wurde schon bald durch die latente Bürgerkriegssituation zwischen dem „Roten Wien" und der antimarxistischen Bundesregierung überschattet. Es kam vermehrt zu Arbeiterdemonstrationen. Am 15. Juli 1927 brannte der Justizpalast, und im Februar 1934 begannen blutige Auseinandersetzungen zwischen den paramilitärischen Verbänden der politischen Lager, Heimwehr und Schutzbund. Unter der von der Regierung eingesetzten autoritären Stadtverwaltung (1934–1938) wurde als Arbeitsbeschaffungsprogramm das Projekt der Höhenstraße durch den Wienerwald umgesetzt.

Nach dem Anschluß Österreichs an Deutschland 1938 wurde Wien um insgesamt 97 Gemeinden erweitert und zum „Reichsgau Groß-Wien" erklärt. Als Relikt der Bauinvestitionen in den

Spittelauer-Linie.
Photographie, um 1880

Kriegsjahren verunzieren bis heute sechs riesige Flaktürme das Wiener Stadtbild. Dem Krieg und dem Kampf um Wien im April 1945 fielen weitere Gebäude, nahezu alle Brücken und sämtliche Versorgungs- und Verkehrseinrichtungen zum Opfer. Nach der Einnahme Wiens durch Sowjetarmeen folgten zehn Jahre (1945–1955) der Viermächtebesatzung durch die Alliierten Truppen. Ein Großteil der Wiederaufbauarbeit konnte in dieser Zeit unter Bürgermeister Theodor Körner und einer Koalitionsverwaltung bewältigt werden.

1954 wurden 80 der zuvor eingegliederten niederösterreichischen Gemeinden wieder vom Wiener Stadtgebiet getrennt. Bei Wien blieben nur einige Randgemeinden im Nordosten (heutiger 22. Gemeindebezirk) und im Südwesten (heutiger 23. Gemeindebezirk) sowie der Lainzer Tiergarten.

B 221. Der motorisierte Gürtel

Nach Behebung der ärgsten Kriegsschäden konzentrierte sich die Stadtverwaltung wieder auf den sozialen Wohnbau, wobei phasenweise dem Bau von Stadtrandsiedlungen der Vorzug gegeben wurde, dann wieder der Verdichtung der Bebauung in Zentrumsnähe. Einzelne Hochhäuser entstanden (z.B. Ringturm), und im Bereich des Verkehrs dominierten Investitionen in den Straßen-

Westbahn-Linie
Photographie, um 1880

bau. Solche Tendenzen gingen am Gürtel nicht spurlos vorbei. Der motorisierte Straßenverkehr war Inbegriff des Fortschritts, die autogerechte Stadt das Leitbild. Um Behinderungen des Kraftfahrzeugverkehrs auf den Straßen zu vermindern, wurden Unterfahrungen (z. B. am Südgürtel) und Fußgängerpassagen angelegt sowie Straßenbahnlinien durch Busse ersetzt bzw. unter die Erde verlegt oder auch lange Linien unterbrochen, gekürzt und in unterirdische Umkehrschleifen geleitet. Dem ursprünglich für eine Viermillionenstadt ausgelegten öffentlichen Verkehrsnetz galt nicht das Hauptaugenmerk der Planungstätigkeit.

Die Gürtelstraße wurde zum wesentlichen Bestandteil aller Straßenverkehrskonzepte von Wien. Die im November 1955 im Rathaus tagende erste Wiener Straßenverkehrsenquete empfahl, „die ganze Gürtelstraße als zweite Ringstraße mit Trennung der beiden Fahrtrichtungen für den schienenfreien Verkehr auszubilden". Überdies „können Ring, Lastenstraße und Gürtelstraße als innerstädtische Entlastungs- und Verteilerstraßen im Sinne von Tangenten entwickelt werden".

Tatsächlich war schon 1950 mit dem Umbau des Gürtels begonnen worden. Die ersten städtischen Betonfahrbahnen wurden nach dem Krieg auf der Gürteltrasse angelegt. Erklärtes Ziel der Verkehrsplanung war die Schaffung einer innerstädtischen Schnellstraße mit Einbahncharakter; dies sollte eine erhebliche Steigerung der Verkehrsflüssigkeit zur Folge haben.

Im „städtebaulichen Grundkonzept für Wien" aus dem Jahr 1962 schlug der Stadtplaner Roland Rainer den Ausbau der Gürtelstraße im Sinne eines städtebaulichen Schwerpunktes vor. Der Generalverkehrsplan für das Wiener Straßensystem erster Ordnung (Stadtautobahnen und Schnellstraßen) verlangte eine neue direkte Verbindung der Gürtelstraße mit dem Straßenzug am anderen Ufer des Donaukanals, der von der Floridsdorfer Donaubrücke herkommt. Diese Verbindung wurde in den Jahren 1962 bis 1964 durch den Bau einer Straßenbrücke hergestellt. Die ursprünglich vorgesehenen Verlängerungen der Linien des öffentli-

Erdberger-Linie.
Photographie, um 1880

chen Verkehrs über den Donaukanal bzw. über die Donau erfolgten damals nicht, vielmehr setzte die Verkehrsplanung voll auf die Weiterentwicklung und die „Flüssigkeit" des motorisierten Straßenverkehrs. In dieser Ausbauphase der Gürtelstraße wurden auch die Unterführungen im Bereich des Südtiroler und Matzleinsdorfer Platzes angelegt.

Die in den früheren Planungen enthaltene Anbindung der östlichen Stadtgebiete (Stadlau) an einen östlichen Teil der Gürtelstraße wurde jedoch nicht verwirklicht. Statt dessen wurde später die Südosttangente angelegt. 1971 wurde das im Verkehrskonzept von 1970 festgelegte, übergeordnete Straßennetz Wiens in das Bundesstraßengesetz aufgenommen; der Gürtel wurde als B 221 in einem Ring-Radialsystem mit der Donauuferautobahn zu einem Verteilerring zusammengeschlossen, in den die West- und Südeinfahrt sowie alle regionalen Verkehrsachsen einmünden. Die Straßenverkehrskonzepte der Verkehrsplaner waren „erfolgreich":

Im Juni 1981 meldete die Rathauskorrespondenz, daß der Gürtel zwischen Westbahnhof und Spittelau mit einer täglichen Frequenz von rund 73 000 Kraftfahrzeugen die meistbefahrene Straße Österreichs sei, knapp gefolgt von der Wiener Südosttangente mit 72 500. Und das Wochenblatt „Wien aktuell" meldete Anfang 1982: „Gürtel schlägt Brenner 5:1." Dennoch setzte die Stadtverwaltung Anfang der achtziger Jahre des 20. Jahrhunderts immer noch auf den Bau leistungsfähiger Straßen und erhoffte sich dadurch eine Entlastung der Wohngebiete. Den Lärm-, Staub- und Abgasproblemen wollte man durch Förderung von Lärmschutzfenstern beikommen.

Mitte der achtziger Jahre übernahm die Südosttangente den fragwürdigen Spitzenrang der meistbefahrenen Straßen Österreichs. Im Jahre 1995 wurden zwischen St. Marx und Knoten Prater ca. 184 000 Fahrzeuge pro Tag gezählt. Doch auch die Gürtelstraße hielt bei den Steigerungsraten kräftig mit: Bis zu 100 000 Fahrzeuge rollten schon damals täglich über den Gürtel.

Der kommissionierte Gürtel

Die Folgewirkungen der Verkehrslawine verselbständigten sich: Die verminderte Wohn- und Lebensqualität führte zu einem Abwandern der besserverdienenden Schichten. Dazu kamen ungelöste Probleme im Mietrecht – die Häuser verwahrlosten. Dies alles wurde weiter angeheizt durch ungehemmte Wohnungs- und Absiedelungsspekulation: Bald hielt es am Gürtel nur noch sozial schwache ÖsterreicherInnen und ArbeitsmigrantInnen. Und eine ganze Region der Stadt begann langsam, aber sicher zu verslumen.

Das bereits 1980 formulierte neue Ziel, das Straßennetz zu verdünnen und das Verkehrsaufkommen zu beruhigen, blieb wirkungslos. Die in der Nachkriegszeit begrüßte und geförderte Verkehrsbelebung zur Steigerung der individuellen Mobilität hatte eine Eigendynamik angenommen, der mit abstrakten Leitlinien nicht mehr beizukommen war. Am Gürtel wurden Anrainerproteste laut – und die Wiener Stadtplanung versuchte, die Notbremse zu ziehen. In der allgemeinen politischen Ratlosigkeit wurde zu einem Mittel gegriffen, das in Wien bereits Tradition hatte: Ein Ideenwettbewerb für den Gürtel und für die Süd- und Westeinfahrt wurde ausgeschrieben, um Vorschläge für die Verbesserung der Umwelt-, Verkehrs- und Wohnverhältnisse einzuholen.

Die Arbeit der Gürtelkommission, die 1984 vom Wiener Gemeinderat installiert wurde, bedeutete eine entscheidende inhaltliche Wende für die gesamte Stadtplanung: Denn erstmals seit Kriegsende lag das Hauptaugenmerk der Kommune nicht mehr auf der „Verflüssigung“ des Autoverkehrs, erstmals wurde nicht „autogerecht“ geplant – sondern die Verhältnisse der vor Ort lebenden Bevölkerung sollten verbessert werden. Die wichtigsten Ergebnisse beinhalteten dennoch Milliardenprojekte für den Autoverkehr – um ihn unter die Erde zu bekommen.

Aber auch im Planungsprozeß war ein bemerkenswerter neuer Weg eingeschlagen worden: Der Kommission war von Anfang an klar, daß es für die massiven Probleme des Gürtels kein Patentrezept geben würde. Daher fragte man auch nicht in herkömmlicher Weise StadtplanerInnen um ihre Lösungsansätze – sondern führte einen offenen Ideenwettbewerb durch, um zu grundsätzlichen Lösungsansätzen zu kommen. Auf enge Rahmenbedingungen und quantitative Beurteilungskriterien wurde bewußt verzichtet und von den TeilnehmerInnen statt dessen eine einfache und übersichtliche Darstellung mit geringem graphischem Aufwand verlangt. Eine Vorgehensweise, die der Kommission später den Vorwurf einbrachte, nur unzureichende Ausschreibungsunterlagen vorgelegt zu haben. Die ProjektleiterInnen betonten wiederum, daß die erste freie Ideenfindung ja dann in der Folge in detailliertere Planungs- und Entscheidungsfindungen einmünden sollte.

Beim Ideenwettbewerb der Gürtelkommission wurde den TeilnehmerInnen die Möglichkeit eingeräumt, in alle relevanten

Brigittenauer-Linie.
Photographie, um 1880

Unterlagen Einsicht zu nehmen. Auch mündliche Zusatzinformationen wurden zugesichert. Nach einer ersten, einleitenden Enquete wurden zwei Kolloquien veranstaltet, in denen sich Mitglieder des Beurteilungsgremiums (die Projektleitung und zwei VertreterInnen der Bundesingenieurkammer) sowie Fachbeamte einer Diskussion stellten und offene Fragen beantworteten. 63 Projekte wurden bei diesem Wettbewerb eingereicht, an denen sich insgesamt etwa 240 ArchitektInnen, ZiviltechnikerInnen und Planungsfachleute in kleinen Teams beteiligt hatten.

Da gleichzeitig die Belastungen am Gürtel zu immer dringlicheren Beschwerden der AnrainerInnen führten, wurde eine Bürgerbeteiligung bei der Ideenfindung angestrebt. 80 000 Haushalte im Gürtelumfeld bekamen Fragebogen zugeschickt, um Meinungen der Betroffenen einzuholen. Gleichzeitig wurden die Betriebe dieser Gegend über die Handelskammer angesprochen. Die Arbeiterkammer veranstaltete Diskussionen und lud zur Mitarbeit in Arbeitskreisen ein. Insgesamt wurden ca. 2 200 Fragebogen zurückgesandt und ausgewertet.

Die vordringlichsten Wünsche der Bevölkerung: Umweltschutzmaßnahmen, Verbesserung des öffentlichen Verkehrs und Grünraumgestaltung. Eine tatsächliche Bürgerbeteiligung im Sinne von Mitentscheidungsrechten gab es freilich nicht. Für die Planungen der Gürtelkommission wurden von 1984 bis 1988 ins-

Heumarkt auf dem Matzleinsdorfer Platz in Wien 5. Photographie, 1936

gesamt 80 Millionen Schilling ausgegeben, davon etwa 30 Millionen Schilling für Öffentlichkeitsarbeit. Zum Abschluß des Ideenwettbewerbes wählte schließlich eine Jury unter dem Vorsitz des Zürcher Planers Prof. Jakob Maurer unter den 63 eingereichten Projekten sieben gleichgereihte PreisträgerInnen aus und beauftragte sie mit der weiteren Bearbeitung der Ideen. Die endgültigen Vorschläge wurden im Mai 1988 in der Wiener Stadthalle der Öffentlichkeit präsentiert. Zu diesem Zeitpunkt war für alle Beteiligten offensichtlich, daß sich die Prioritäten in den vorangegangenen Jahren entscheidend verändert hatten. Architekt Erich Bramhaas, Mitglied des Beurteilungsgremiums, formulierte es so: „Hätten wir 1970 geschrieben, wäre das ein Autobahnfestival geworden. Heute sieht die Angelegenheit doch etwas differenzierter aus."

Das von der Gürtelkommission ausgearbeitete Entwicklungsprogramm sah insgesamt vier Leitprojekte für die Bereiche Südgürtel, Südeinfahrt, Westgürtel und Westeinfahrt (Wiental) vor. Im Bereich Wiental etwa sollte der Flußraum als „Erlebnisraum" gestaltet werden – nach späteren, fortführenden Planungen wurde vorgeschlagen, die Westeinfahrt (Bundesstraße 1) in das Flußbett zu verlegen. Die von der Kommission geschätzten Kosten für die Umsetzung: rund 12 bis 15 Milliarden Schilling, „je nach Intensität der Realisierung und Bauzeit". Die wasserbaulichen Maßnahmen im Wiental waren da schon mitgerechnet.

Die ersten und vordringlichsten Maßnahmen empfahl die Gürtelkommission allerdings, im Bereich Margaretengürtel und Gaudenzdorfer Knoten sowie Mariahilfer Gürtel zu setzen. Das damals probate Mittel für eine weitgehende Entlastung der Bevölkerung: eine großzügige Tunnellösung für den Margaretengürtel. Die geschätzten Baukosten für diese drei Bereiche betrugen rund zwei Milliarden Schilling. Die Kommission und die Stadt Wien drängten auf Umsetzung – 1989 sollte bereits mit den Umbauarbeiten begonnen werden. Schließlich erwartete man vom Baubeginn an der Schnittstelle zwischen Süd- und Westgürtel positive Auswirkungen für das Wiental und den gesamten Südgürtel.

Die vorgeschlagenen Folgeprojekte waren:
- ein „Umwelttunnel" und eine Einhausung am Döblinger Gürtel;
- Maßnahmen zur Verkehrsberuhigung am äußeren Gürtel im Bereich Michelbeuern.
- Im Zuge der Südeinfahrt sollten ferner auch Matzleinsdorfer Platz, Triester Straße, Grüner Berg und Altmannsdorfer Straße umgestaltet werden.
- Am Westgürtel sollten die Fahrbahnen von den Häusern weg und hin zur Stadtbahn verlegt werden, um Vorlandflächen für die AnwohnerInnen zu gewinnen. Im Bereich Michelbeuern wurde zur Entlastung der Wohngebiete von Lärm und Abgasen ein weiterer Lärmschutztunnel vorgeschlagen. Begleitend dazu waren allerdings weitere ein bis drei Milliarden Schilling an Investitionen vorgesehen – für ergänzende und strukturstärkende Maßnahmen in der gesamten Gürtelregion: Blocksanierungen, Garagenbauten und Begrünungsmaßnahmen.

– Schon damals hieß es: Die „soziale Erosion in vielen einstmals attraktiven Wohngegenden“ wie Gürtel oder Westeinfahrt müsse gestoppt werden. Daher sollten Baumaßnahmen zur Verkehrsberuhigung in Parallel- und Radialstraßen gesetzt werden. Die Attraktiviät des Umfelds müßte durch Stadterneuerungs- und Gestaltungsinvestitionen gesteigert werden.

Letztere Aspekte waren nach der ersten Aufbruchstimmung allerdings bald wieder in den Hintergrund der öffentlichen Diskussion getreten. Was im Zentrum des Geschehens blieb, waren die dominanten Bauvorhaben, wie der Tunnel am Margaretengürtel. Dazu kam, daß die einzelnen Gürtelbezirke zu keiner gemeinsamen Willensbildung fanden. Die Bevölkerung verhielt sich skeptisch und abwartend. Der Druck von unten für einen raschen Baubeginn blieb also aus. Die Bezirksvorsteher von Mariahilf und Neubau klagten über eine mangelnde Einbindung in den Planungsprozeß und eine unzureichende Informationspolitik des Rathauses. In erster Linie wurde allerdings die Prioritätenreihung der Gürtelkommission kritisiert. Viel wichtiger als der Baubeginn am Gaudenzdorfer Knoten sei es, im Zuge des U-Bahn-Baus am Europaplatz vor dem Westbahnhof gleichzeitig mit der Errichtung eines Autotunnels zu beginnen. Die beiden betroffenen Bezirksvorsteher fürchteten, daß der Bereich sonst unmittelbar nach dem Zuschütten der U-Bahn-Gruben neuerlich für die Tieflegung der Autotrasse aufgerissen werden müßte. Nur in einer Forderung herrschte Einhelligkeit bei allen Bezirksvorstehern: Ein Tunnel sollte errichtet werden, um den Autoverkehr in den Untergrund zu bekommen. Allerdings zuerst im eigenen Bezirk. Und dann erst – wenn überhaupt – im Nachbarbezirk.

Anfang 1989 wurde im Rathaus noch Optimismus verbreitet: Im Herbst 1990 solle mit den Bauarbeiten begonnen werden, um das Tunnelbauwerk am Südgürtel noch vor 1995 zur damals geplanten Weltausstellung fertigzustellen. Doch die kritischen Stimmen und die Widerstände mehrten sich. Vor allem zeigte sich, daß der Bau der großen Gürteltunnel im Bereich der Aus- und Einfahrten nur neue und zum Teil schwerer wiegende Probleme auslösen würde. Daß dieses Verkehrsband überwiegend für kurze Strecken und nur zum geringsten Anteil für längere Durchfahrten benützt wurde, war ja bekannt. Tatsächlich verfolgte niemand mehr die Vorschläge der Gürtelkommission mit Nachdruck. Und als dann von Bundesseite die schon bereitgestellten Mittel für den Bau des Matzleinsdorfer Tunnels wieder gestrichen wurden, hielten sich die Proteste auf Wiener Seite in Grenzen. Die Gürtelkommission „scheint unter die Räder der Autos gekommen zu sein. Dort verliert man leicht den Überblick“, merkte Hermann Knoflacher, Professor am Institut für Verkehrsplanung an der TU Wien, im März 1989 lakonisch an.[8]

Dennoch: Die Anstrengungen, neue Konzepte für den Gürtel zu entwickeln, waren nicht ganz vergeblich. Zum einen war die Nutzung städtischer Räume öffentlich diskutiert worden: Wem „gehört“ die Straße? Soll für die Bevölkerung – oder für den Durchzugsverkehr gebaut werden? Die dabei aufgetretenen

Wien 7, Neubaugürtel.
Die Lazaristenkirche „Zur unbefleckten Empfängnis Mariae“ wurde 1860–62 nach Plänen von Friedrich Schmidt im neugotischen Stil errichtet.
Der Friedhof vor der Kirche wurde nach der Errichtung des Wiener Zentralfriedhofs 1874 aufgelassen.
Photographie, um 1874

Wien 3, Leberstraße 6–8. Der St. Marxer Friedhof ist als einziger der von Josef II. außerhalb des Linienwalls begründeten fünf Friedhöfe erhalten geblieben. Die Grabstätten vieler bedeutender Persönlichkeiten des Vormärz befinden sich auf diesem Biedermeierfriedhof.
Photographie, um 1960

Schwierigkeiten zeigten, wie dringend eine gründlichere Problemanalyse und in der Folge eine Neuorientierung in der Stadtplanung geworden waren. Die Erkenntnis, daß der motorisierte Straßenverkehr nicht weggezaubert oder einfach einen Stock tiefer gelegt werden kann, erzwang eine neuerliche, seriöse Auseinandersetzung mit den typischen Verkehrsproblemen von Ballungsräumen.

Ende der achtziger Jahre wurde klar, welche grundsätzlichen Planungsfehler das hemmungslose Anwachsen des Individualverkehrs verursacht hatte: die Wohnkomplexe an den Stadträndern etwa, in den siebziger Jahren noch als große Errungenschaft gefeiert, aber ohne attraktive Erschließung durch öffentliche Verkehrsmittel. Oder Einkaufs- und Vergnügungszentren am Stadtrand und entlegene Büroburgen, die nur mit Autos erreichbar sind. Nicht aufeinander abgestimmte Entscheidungen in der Ostregion verschärften diese Tendenzen nur. Zum Teil wurden auch bewußt kontraproduktive Schritte gesetzt: Im Buhlen um Steuermittel und SteuerzahlerInnen wetteiferten Wien und Niederösterreich bei der Ansiedlung von Shopping Centern am schlecht erschlossenen Stadtrand. Gleichzeitig wurden mit Hilfe der Wohnbauförderung viele ins noch schlechter vom öffentlichen Verkehr erschlossene Umland gelockt. Kaufkraft, die letztlich im innerstädtischen Gebiet und insbesondere in der Gürtelregion fehlte. Die Entwicklung zeigte jedenfalls, daß der Flächenbedarf des Straßenverkehrs stets unersättlich ist, und daß es so etwas wie eine autogerechte Stadt nicht gibt – nicht geben kann. Die zur Verfügung stehenden Verkehrsflächen, werden sie auch noch so großzügig ausgebaut, reichen niemals aus, um Staus zu verhindern bzw. um genügend Parkplätze zu bieten.

Favoritner-Linie.
Photographie, um 1880

In der Folge rückte die Frage nach der Gewichtung verschiedener Funktionen eines Lebensraums ins Zentrum der Debatte. In der Gürtelfrage bewirkte dieser Diskussionsprozeß, daß klar wurde: Eine Verbesserung der Lebensqualität, die Schaffung von mehr Grünraum, die Ansiedelung zukunftsorientierter Betriebe und die Sanierung heruntergekommener Gebäude sind absolut unvereinbar mit der Bewältigung eines stetig wachsenden Straßenverkehrs. Dieses Resümee aus dem jahrelangen Planungsprozeß um den Wiener Gürtel kann gleichzeitig als eine der wichtigsten Erkenntnisse moderner Stadtgestaltung gelten. Freilich könnte an dieser Stelle betont werden, daß kritische Stimmen aus der Umweltbewegung dies alles schon viel früher vorgebracht hatten, und daß dieser Umweg über Stadtplanung und Stadtentwicklung ein langwieriger und kostspieliger war. Aber erstens sind gute Ratschläge, die im nachhinein erteilt werden, immer wohlfeil – und zweitens darf nicht außer acht gelassen werden: Damals wie heute geht es um die Schaffung neuen Bewußtseins und um die Bereitschaft zu Diskussion und Auseinandersetzung, damit mehrheitsfähige, durchsetzbare Lösungen entwickelt und so die Zukunft von Lebensräumen entworfen werden können.

Ziemlich genau 100 Jahre nach der so mühsam erreichten zweiten Wiener Stadterweiterung manifestierte sich am Wiener Gür-

Favoritner-Linie.
Photographie, um 1880

tel die neue Sicht der Dinge. In einem symbolischen Akt, der in der Öffentlichkeit kaum gebührend Widerhall fand: Erstmals wurde das Teilstück einer Hochleistungsstraße abgerissen, um dem öffentlichen Verkehr Platz zu machen.

Im Mai 1991 mußte die Abfahrt von der Gürtelbrücke zur Spittelauer Lände der Verlängerung der U6 in Richtung Handelskai und Floridsdorf weichen. Die Rampe lag genau auf jener Höhe, auf der die neue U6-Trasse über den Donaukanal führt. Auch die Abfahrt zur Brigittenauer Lände bzw. nach Klosterneuburg fiel dieser U-Bahn-Investition zum Opfer. Rund 60 Meter südlich der bestehenden Gürtelbrücke entstand eine neue Donaukanalquerung – für die U-Bahn. Und erstaunlicherweise gab es so gut wie keine Proteste gegen den Abbruch einer Straße zugunsten neuer öffentlicher Verkehrsverbindungen. Ein deutlicher Beleg für die Bewußtseinsänderung, die stattgefunden hatte.

Unterwegs zum Slum

Wenig später wurden die Medien neuerlich auf das veränderte soziale Umfeld des Gürtels aufmerksam. So widmete etwa die Tageszeitung „Die Presse“ im April 1993 unter dem Titel „Ist der Gürtel noch zu retten?“[9] der heruntergekommenen Prachtstraße eine mehrteilige Serie. Zwar träumten immer noch verschiedene

Bezirkspolitiker von dem einen oder anderen Tunnelprojekt – der Tenor der Berichterstattung wechselte jedoch zur sozialen Frage.

Schließlich war die schon lange bestehende soziale Trennlinie am Gürtel durch den zügellos anwachsenden Straßenverkehr weiter verstärkt worden. Vor allem am äußeren Westgürtel mit seiner seit jeher schlechteren Bausubstanz, den ehemaligen Arbeitersiedlungen und der florierenden Wirtshausszene der einstigen Vororte verschärften sich die Probleme. Lärm, Staub und Abgase hatten die meisten mobilen, jüngeren GürtelbewohnerInnen in bessere Wohngegenden vertrieben – sofern sie sich das Abwandern leisten konnten. Zurück blieben vor allem die Alten, die noch in den Jahren nach dem Zweiten Weltkrieg den Gürtel als gute Adresse und angenehme Wohnstraße kennen und schätzen gelernt hatten. Neu dazu kamen vor allem GastarbeiterInnen und sozial Schwache. Die mangelnde soziale Integration vieler AusländerInnen, gesetzliche Diskriminierungen und die zunehmende Ausbeutung am Arbeits- und Wohnungsmarkt setzten dem Umfeld des Gürtels massiv zu.

Alfred Barton, damalige Bezirksvorsteher des 16. Bezirks, erläuterte gegenüber der Presse die Ursachen dieser verschärften sozialen Konflikte[10]: „Das Problem liegt bei den Hauseigentümern. Diese vermieten auf brutalste Weise – vorzugsweise an Ausländer ... (und) verlangen von jedem Gastarbeiter 1 000 Schilling für eine Bruchbude mit Wasser und Toilette am Gang." Dieser Überbelag in kleinen, schlecht ausgestatteten Wohnungen verminderte die Lebensqualität im gesamten Haus. Gleichzeitig wurden allerdings diese Quartiere mehr und mehr zur letzten Wohnmöglichkeit für MigrantInnen. Mitte der neunziger Jahre war der Anteil der Substandard-Wohnungen im Bereich des Westgürtels immer noch doppelt so hoch wie im Wiener Durchschnitt. In anderen Gegenden der Stadt hingegen fand eine forcierte Stadterneuerung und eine Standardhebung der alten Bausubstanz statt, und das in einer Zeit verstärkter Einwanderung. Zwischen 1981 und 1993 war die Zahl der AusländerInnen in Wien von etwa 113 400 auf mehr als das Zweieinhalbfache gestiegen – auf 293 500. Da die meisten anderen billigen Kleinwohnungen wegsaniert wurden, blieb nur der Gürtel. Dies trieb die Preise für die Bruchbuden in die Höhe und heizte die sozialen Probleme erst richtig an. Schließlich mußten MigrantInnen aus dem ehemaligen Jugoslawien mit lediglich 15 Quadratmetern Wohnfläche pro Person auskommen. TürkInnen gar nur mit zehn Quadratmetern. Der Schnitt für die gebürtigen WienerInnen: 34 Quadratmeter pro Person. Und die einzige Arbeit, die die meisten von ihnen fanden: am „Arbeitsstrich" beim Arbeitsamt in der Herbststraße, wo sich tagsüber MigrantInnen ohne legale Arbeitsbewilligung auf ihrer inoffiziellen Suche nach stunden- oder tageweisen Gelegenheitsarbeiten aufstellten. Immer mehr AusländerInnen wurden etwa seit 1990 durch die verschärften Aufenthalts- und Beschäftigungsgesetze hierhergetrieben.

Kein Wunder also, daß Heinz Fassmann, Experte für demographische und regionale Entwicklung, vor der Entstehung eines regelrechten Ghettos in den Gründerzeitvierteln am Gürtel warnte. Er sprach von einem Teufelskreis der „kumulativen zirkulären Verursachung“: Die betroffenen Gebiete werden stärker abgewohnt – die Wohnungen können nicht immer nach Belieben teurer vermietet werden. Investitionen bleiben daher aus, und der Verfall schreitet weiter voran. Dieser Prozeß müsse politisch durchbrochen werden, so wie damals in der Zwischenkriegszeit, als die sozialdemokratische Stadtverwaltung nicht zufällig den Karl-Marx-Hof mitten im Wiener Nobelbezirk Döbling errichten ließ. Fassmann rief daher zu verstärkten Investitionen in der Gürtelregion auf: „Man muß ein Wohnumfeld anbieten, das dafür sorgt, daß wieder andere Menschen hinziehen.“[11] Die Initialzündung aber müsse von der Stadt erfolgen.

Und die Zeit drängte. Mitte der neunziger Jahre hatten die sozialen Probleme am Gürtel einen dramatischen Höhepunkt erreicht:

– Allein in der Region am Westgürtel lebten rund 130 000 BewohnerInnen – rund 8,6 Prozent der Gesamtbevölkerung von Wien.
– Ein überdurchschnittlich hoher Anteil von ihnen arbeitete in einkommensschwachen Berufen: 33 Prozent. 47 Prozent der hier ansässigen Frauen waren arbeitslos.
– Der Anteil der Substandard-Wohnungen: 41 Prozent – etwa doppelt so hoch wie im Wiener Durchschnitt.
– Und im öffentlichen Raum stand den Gürtel-AnrainerInnen pro Person im Schnitt ein Quadratmeter Grünfläche zur Verfügung.
– Zwischen 1971 und 1991 sank der Anteil älterer Menschen in der Gürtelregion von 33 auf 21 Prozent – während im selben Zeitraum der Anteil der 15- bis 45jährigen von 36 auf 48 Prozent angestiegen ist. Als logische Konsequenz kam es zu einer Häufung von Klagen über die allzu intensive Nutzung der spärlichen Grünflächen.

Wie im 18. und 19. Jahrhundert waren es also nicht so sehr die stadtplanerischen Entscheidungen oder Großbauvorhaben, die das Stadtbild der Gürtelregion prägten, sondern die unerwünschten Nebenwirkungen anderer politischer Beschlüsse, wie z. B. der auf das Automobil fixierten Verkehrspolitik, sozialpolitische Versäumnisse gegenüber alten Menschen und AusländerInnen und das ständige Lockern und Aufweichen des ehemals strengen Mieterschutzes ohne zeitgemäße Neuregelungen. Der Ersatz von fixen Kategoriezinsen durch „ortsübliche Richtwerte“ legte in der Mietgesetzgebung fest, daß einigen Nobelvierteln nun ganze Stadtteile als minderwertige, heruntergewirtschaftete Wohngegenden gegenüberstehen. Die Liste der Unzulänglichkeiten im Wohn- und Mietrecht ließe sich nahezu beliebig fortsetzen. Insbesondere kam es durch die Aufweichung des Mieterschutzes zu einer starken Zunahme befristeter Mietverhältnisse und durch die vielen Gesetzesnovellen zu einer katastrophalen Unübersichtlichkeit und Unverständlichkeit der Regelungen.

Immer wieder wurde von Spitzenpolitikern, wie dem Nationalratspräsidenten Dr. Heinz Fischer, und von allen Interessenvertretungen der MieterInnen auf die Unerträglichkeit dieses Gesetzes-Wirrwarrs hingewiesen. 1993 befaßte sich überdies eine parlamentarische Enquete mit dieser Thematik. Das Chaos wurde seither nur noch größer. Ein Wohnrechtsänderungsgesetz jagt das nächste, ohne daß eine umfassende, zeitgemäße Lösung in Aussicht wäre, die sowohl den Interessen der MieterInnen als auch den Anliegen der InvestorInnen und VermieterInnen gerecht würde. Im Gegenteil: 1996 wurde im Zuge der Sanierung des Staatshaushaltes, der sogenannten Sparpakete, auch noch die Besteuerung der „Mietzinsreserve“ eingeführt. Das heißt, daß nun auch die von den MieterInnen für die Erhaltung des Hauses aufgebrachten Beiträge belastet werden. Diese in jeder Hinsicht ungerechte und verfehlte Bestimmung entzieht wesentliche Mittel – auch von sozial Schwachen – ihrer eigentlichen Bestimmung, und sie setzt Problemgegenden, wie die Gürtelregion, massiv unter Druck.

Ohne eine Neuregelung des gesamten Wohnrechts wird es also sehr schwer sein, in abgewohnten Stadtteilen mit alter Bausubstanz und Absiedelungsspekulation eine erfolgreiche Stadterneuerungspolitik zu betreiben. Nur klare, übersichtliche und berechenbare gesetzliche Grundlagen, die auch die Erhaltung der Häuser sicherstellen und die Investitionsfreudigkeit der EigentümerInnen anregen, können einen Ausweg aus dem Dilemma der unzulänglichen Reparaturmaßnahmen bieten.

Auch die Zusammenhänge mit anderen Feldern der Sozialpolitik liegen auf der Hand: Die zurückgenommenen Möglichkeiten der mobilen und häuslichen Kranken- und Altenbetreuung, die verminderten Hilfs- und Rehabilitationsangebote für Drogengefährdete bzw. Drogenkranke, die Mängel in der aktiven Arbeitsmarktpolitik, die Mehrbelastungen für Arbeitslose und jede Benachteiligung für AlleinerzieherInnen – dies alles trifft die Menschen am Gürtel und damit die gesamte Gürtelgegend härter als Villenviertel in Döbling oder Hietzing.

Besonders deutlich sind die Zusammenhänge zwischen der Entwicklung urbaner Problemzonen und der Sozialpolitik im Bereich der Integration. Obwohl ArbeitsmigrantInnen die gleichen Steuern und Abgaben zahlen wie alle anderen Beschäftigten – also auch Beiträge zur Wohnbauförderung erbringen –, haben sie kaum Zugang zu Sozialwohnungen. Selbst dann nicht, wenn sie alle Kriterien der Förderungswürdigkeit erfüllen. Es kommt politischer Schizophrenie gleich, einerseits die hohe Konzentration der ausländischen Wohnbevölkerung in alten, abgewohnten Gründerzeitvierteln und in der Folge die ungleiche Verteilung der in- und ausländischen Kinder in den Schulen zu beklagen – und andererseits immer wieder den menschlich, ökonomisch und sozial für alle Seiten verhängnisvollen Parolen der „Ausländer-aus-dem-Gemeindebau“-Hetzer nachzugeben. Integration kann nicht nur gleiche Pflichten bedeuten, sondern setzt auch eine rechtliche Gleichstellung voraus. Integration muß in allen Lebensbereichen, insbesondere beim Wohnen und bei der schulischen Ausbildung, stattfinden.

Geglückte Integration könnte daher bedeuten, daß die Monotonie in den sozialen Wohnhausanlagen am Südgürtel ein bißchen von der Lebendigkeit des Brunnenmarktes „angesteckt“ wird und daß

Hernalser-Linie.
Photographie, um 1880

im Gegenzug am Westgürtel die Spekulation zurückgedrängt und stabile Wohnverhältnisse gleichberechtigter StadtbürgerInnen möglich werden. Kulturelle Vielfalt, immer neue Impulse für die Wirtschaft und das soziale Gefüge können nur auf Basis einer ausgleichenden, helfenden und vermittelnden Sozialpolitik in der Stadt positive Wirkungen entfalten.

In dieser Hinsicht greift das im Juni 1997 vom Parlament verabschiedete Integrationspaket viel zu kurz. Integration ist mehr als der Schutz vor Abschiebung nach einer überlangen Zeit von acht Jahren. Solange es Menschen gibt, die legal gekommen sind, die sich in Wien auf Dauer und mit behördlicher Genehmigung niedergelassen haben – denen aber der Zugang zum Arbeitsmarkt verwehrt wird, so daß sie in Abhängigkeit oder Schwarzarbeit gedrängt werden –, solange gibt es einen Arbeitsstrich, solange gibt es am Gürtel Probleme. Solange ausländischen Frauen und Kindern der Verlust ihrer Existenzgrundlage in Wien droht, sobald sie sich von einem gewalttätigen Familienvater zu lösen versuchen, bleibt Emanzipation am Gürtel auf Dauer ein Fremdwort. Solange einem wesentlichen Teil der Bevölkerung in manchen Kleinregionen die kommunale Mitbestimmung verwehrt wird, solange kann auch eine echte Teilhabe am Gemeinschaftsleben, die Übernahme von Verpflichtungen und Partizipation, nicht erwartet werden.

All dies hat wohlgemerkt mit der Frage einer künftigen Regelung der Einwanderung rein gar nichts zu tun. Es geht um bereits bestehende Verhältnisse, um Diskriminierung oder Gleich-

Hernalser-Linie.
Photographie, um 1880

stellung der gesamten Wohnbevölkerung. Einmal mehr werden die Villengegenden im Westen und Nordwesten der Stadt von all dem kaum berührt. Vielleicht fehlt es aber gerade dort an urbaner Dynamik, vielleicht entgehen diesen abgeschirmten und scheinbar privilegierten Gebieten bunte und multikulturelle Chancen.

Dieses sozialpolitische Lamento soll keinesfalls die Arbeit der rund um den Gürtel wirkenden GebietsbetreuerInnen, SozialarbeiterInnen und IntegrationsexpertInnen abwerten. Im Gegenteil: Wären deren große Anstrengungen nicht, gäbe es wohl auch am Gürtel bereits „echte Slums“ ohne Hoffnung auf eine Trendumkehr.

Daß der Gürtel und sein Hinterland trotz allem immer noch in seiner Grundstruktur eine Prachtstraße, ein Boulevard, geblieben ist, verdankt er nicht zuletzt den ständigen Bemühungen dieser Initiativen. Aber wie erfolgreich könnte diese Arbeit erst sein, wenn sie nicht andauernd gegen die Windmühlen einer im höchsten Maße reformbedürftigen Wohnrechts- und Sozialgesetzgebung ankämpfen müßte!

All diese Einflüsse wirkten auf die Gürtelregion jedenfalls in ähnlicher Art und Weise wie zuvor die Steuergrenze am Linienwall. Und so wie damals blieben die Auswirkungen auf Wirtschaftsbetriebe und auf die Branchenstruktur nicht aus. Trotz Prunkbauten, Boulevardcharakter und Baumalleen hatte der Gürtel jeglichen Reiz zum Bummeln verloren. Dementsprechend konnten sich immer weniger Geschäfte halten, da deren Erfolg von einer einladenden Umgebung, die zum Flanieren anregt, abhängt. Nur vereinzelte Modegeschäfte, Boutiquen, Greißler oder Blumenläden trotzten der Verkehrslawine. Die Wirtschaftsstruktur hatte sich schnell den geänderten Umständen angepaßt: Zahlreiche Lokale spezialisierten ihr Angebot auf die Wünsche der ausländischen GürtelbewohnerInnen, Videotheken konzentrierten ihr Filmangebot auf Produktionen in serbischer, kroatischer und türkischer Sprache. Und im Gegensatz zu

Gastronomiebetrieben in verkehrsberuhigten Gassen und Straßen verzichteten die meisten der immer noch recht zahlreichen Cafés und Gasthäuser auf Schanigärten. Wenn überhaupt, hielten sich Gastgärten in den vom Gürtel abgewandten Innenhöfen.

Die Lokale und Bewirtungsbetriebe stellten sich vermehrt auf das nächtliche Rotlichtmilieu ein, so daß eine wachsende Zahl von Bars, Nachtlokalen, Peep-Shows und Bordellen entstand. Ein derartiges Angebot erfüllt ja in jeder Großstadt eine nicht zu unterschätzende soziale Funktion. Jene, die an dieser Stelle die Nase rümpfen, seien daran erinnert, daß diese als anstößig empfundenen Etablissements ohne die entsprechende (oftmals höchst honorige) Nachfrage schlicht und einfach nicht vorhanden wären. Weshalb selbstverständlich auch die Rotlichtszene am Gürtel ihren Platz haben soll. Bedenklich wird die Entwicklung allerdings, wenn dieses Milieu von einem ganzen Gebiet monopolistisch Besitz ergreift – und andere soziale und ökonomische Aktivitäten verdrängt und unterdrückt werden, so daß für den öffentlichen Lebensraum der AnwohnerInnen kein Platz mehr bleibt.

Im Jänner 1994 zog Beppo Beyerl in der Wiener Zeitung[12] am Beispiel des Herzstücks der Gürtelstraße, der Stadtbahnbogen und -lokale, eine triste Bilanz. Ein Jahrhundert nach der Bestellung Otto Wagners zum künstlerischen Beirat für die architektonische Ausgestaltung der Stadtbahnbauwerke hatte der allgemeine soziale und ökonomische Niedergang dem ästhetischen Renommierprojekt der späten Gründerzeit stark zugesetzt. Nur die in der Station Alser Straße angebrachte Marmortafel zeugt noch von vergangenen, für den Gürtel besseren Zeiten: „Durch das einträchtige Zusammenwirken der autonomen Kurien und des Staates geschaffen, wird dieser Bahnbau, wie ich zuversichtlich hoffe, der Bevölkerung mannigfache Vorteile bringen und die mir am Herzen liegende gedeihliche Entwicklung Wiens wirksam fördern. Kaiser Franz Joseph, 9. Mai 1898.“ Eine Widmung, die in Anbetracht der rund um die Stadtbahnanlagen verbreiteten Drogenszene, des Abstiegs der ehemals gutbürgerlichen Lokale zu Endstationen der Hoffnungslosigkeit und im Lichte veralteter, teilweise schon gefährlicher Gewerbebetriebe fast wie ein zynischer Anachronismus wirke, so Beyerl.

Der „Anschütz“ im Stationsgebäude Josefstädter Straße, in dem unter anderem Bundespräsident Schärf gerne zu Gast weilte, habe andere, der neuen Realität entsprechende Funktionen übernommen: In den siebziger Jahren ist dort ein Büro für die Polenhilfe untergebracht gewesen, heute wirkten im selben Gebäude die SozialarbeiterInnen des „Sozialreferats für nicht Seßhafte“. Das ehemalige Weinhaus Höller neben der Station Thaliastraße sei in den achtziger Jahren zum „Weinhaus Pater“, Stammlokal für schrullige oder heruntergekommene Wiener Originale geworden. In den neunziger Jahren firmierte das Lokal unter dem Namen „Weinhaus zum Bogen“ und wurde eine Durchzugsstation für viele, die im Rausch das Vergessen suchten und vielleicht vor der Sperrstunde noch ein paar Schillinge von verspäteten PassantInnen „zum Übernachten, fürs Klo“ schnorrten. Das

Hinweisschild „Pssst, bitte keinen Lärm!“ erscheint angesichts des Geräuschpegels der Gürtelstraße mindestens ebenso deplaziert wie die hochtrabenden Wünsche des Kaisers auf der Marmortafel.

Diese Milieustudie der Wiener Zeitung endet bei der „aussichtslosen Station“ Gumpendorfer Straße. Der dichte Kraftfahrzeugstrom auf beiden Seiten der Stadtbahntrasse habe ein tristes, dunkles und anonymes Niemandsland in der Mitte geschaffen, für manche die allerletzte Station einer ausweglosen Drogengeschichte. Dort, so der Journalist, werde einmal vielleicht auch eine Tafel hängen, nicht aus Marmor, sondern aus gepreßten Spänen, mit Drähten angebunden, auf der mit schwarzem Filzstift ein Schlußwort gekritzelt sei: „Das fehlende Zusammenwirken der Behörden hat der ausgegrenzten Bevölkerung kaum Vorteile gebracht, und der mir am Herzen liegende Entzug konnte nicht wirksam gefördert werden. Bis jetzt gibt es schon zu viele Drogentote, im Jänner 1994.“

Und die Stadtbahnbogen zwischen den Stationen, von Otto Wagner als offene, gut zugängliche Räume für urbane Aktivitäten geplant – wie hatte sich deren Aussehen und Nutzungsart verändert. Viele von ihnen wurden abgedichtet, zugemauert und mit dicken Schichten von mehreren Plakatgenerationen überklebt und sind bestenfalls als Lager und Rumpelkammer für diverse öffentliche Dienststellen nutzbar. Was sie früher einmal waren, kann nachgelesen werden im „Augenspiel“ von Elias Canetti, dem Erinnerungsbuch an das Leben in den Wiener Ateliers, Cafés und Intellektuellenzirkeln der dreißiger Jahre: „Ich besuchte Wotruba in seinem Atelier. Zwei Bogen unter dem Viadukt der Stadtbahn waren ihm von der Gemeinde Wien als Atelier zugewiesen worden. In einem ... schlug er auf seinen Stein los ... im anderen standen Figuren, die ihn bei der Arbeit gestört hätten. Am liebsten, wenn das Wetter nicht zu schlecht war, arbeitete er draußen. Anfangs fühlte ich mich von der Nüchternheit der Lokalität und dem Lärm der Züge abgestoßen, aber da es nichts Überflüssiges zu sehen gab, da alles, was immer hier vorhanden war, einen anzog und zählte, fand man rasch in den Ort und spürte, daß er richtig war, er hätte nicht geeigneter sein können.“ Von dieser klaren Nüchternheit der Architektur der Stadtbahnbogen ist schon lange nichts mehr zu sehen und zu spüren. Aber auch dies ist eine logische Konsequenz der Verkehrs- und Sozialmisere: Wer sollte sich hier noch zwischen endlosem Blech und Gedröhne mit offenen Augen und wachen Sinnen aufhalten?

Die Gürtelregion, seit jeher eine Art soziale „Soll-Bruchstelle“ in der Stadt, hat offenbar besonders auf geänderte ökonomische und stadtökologische Bedingungen reagiert. Im Gegensatz zur Gründerzeit im ausgehenden 19. Jahrhundert hatte die zweite Hälfte des 20. Jahrhunderts in einer Phase des Wohlstandes zu selektiven „Gründerzeitphänomenen“ geführt. Solche, die nur auf ganz bestimmte Stadträume und die entsprechenden Personengruppen Wirkung hatten. Die Kapitulation vor dem Verkehrsinfarkt, der Rückzug der Politik aus immer mehr Marktbereichen, die Wohnungsspekulation und der Verzicht auf ein bewußtes Gegen-

Wien 9, Währinger Straße 78.
Das Kaiser-Jubiläum-Stadttheater,
seit 1906 Volksoper, wurde anläßlich des
50jährigen Regierungsjubiläums von
Kaiser Franz Joseph I. nach Plänen von
Franz Freiherr von Krauß und Alexander
Graf im Jahr 1898 errichtet.
Photographie, um 1900

Grabdenkmal Joseph Haydns
auf dem ehemaligen Hundsthurmer
Friedhof in Wien 12. Nach dem Ende
des Zweiten Weltkriegs wurde der
Friedhof in die „Haydn"-Parkanlage
umgewandelt. Photographie,
um 1910

steuern: dies alles hatte in der Nachkriegszeit erst unmerklich Spuren hinterlassen. Als dann der triste Zustand der Region offenkundig wurde, verwandelten sich der erste Schock und das allgemeine Lamento erst nach und nach in Handlungsbereitschaft.

Eine kleine Welt im Hinterhof

Als Dr. Ragnar Mathéy 1989 das Haus in der Grundsteingasse 12 erwarb, war von einem EU-Programm für die Gürtelregion noch nicht einmal die Rede. Gerade erst war der Eiserne Vorhang gefallen – und Österreich von einer EU-Mitgliedschaft noch weit entfernt. Der damals 68jährige gebürtige Deutsche, der schon nach dem Zweiten Weltkrieg nach Österreich gekommen war, investierte trotzdem in dieses Objekt inmitten einer verkommenen Gegend. Denn er hatte sich schon lange „verliebt in euren Balkan". Er kaufte das Haus um rund zwei Millionen Schilling, „was eigentlich geschenkt war. Dafür regnete es aber von oben bis unten rein. Und es war schon ein Abbruchbescheid der Gemeinde Wien vorhanden. Dann hab ich es gerettet." Seither investierte Mathéy – vor allem seine eigene Arbeitskraft. Mal wurde hier gebastelt, mal dort der Verputz ausgebessert, mal oben das Dach mit Teerpappe zugeklebt. „Eigentlich hab' ich nur gepfuscht. Aber das Pfuschen kostete vielleicht auch schon zwei Millionen."

Vorne an der Straße stellte er ein Geschäftslokal der Kulturinitiative „Vergessen" zur Verfügung – hinten im Hof errichtete er in einer ehemaligen Werkstätte ein paar Bassins, in denen sich rund eine Tonne lebender Karpfen aus eigener Züchtung tummelt. Sie werden gehütet von „Thomas, dem Zigeunerbaron", wie ihn Mathéy vorstellt. Ein Stockwerk darüber: ein Fischer- und Campinggeschäft, das in seiner vollgeräumten Vielfalt seinesgleichen sucht. Dazu draußen in der Grundsteingasse als besonderer Service für die zu nachtschlafender Zeit losziehenden Fischer: ein Regenwürmer- und Maden-Automat. Der ist sommers wie winters in Betrieb – „geheizt und gekühlt". Wo sonst sollte ein passionierter Fischer auch um drei Uhr in der Früh frische Köder kaufen?

Selbst im Jahr 1998 kümmerte sich Mathéy nicht um mögliche EU-Förderungen, sondern setzte weiter auf Eigeninitiative. „Jetzt kommt der große Wurf. Jetzt kommt die Galerie." In der ehemaligen Garage arbeitete bereits Götz Bury an seinen Metallskulpturen. „Hier könnte man sofort einen makabren Film drehen", schwärmt Mathéy, „mit Leiche eingeschweißt". Weiter oben hatte der Maler Orsini-Rosenberg eine Arbeitsstätte gefunden. Selbst in Mathéys eigener Wohnung lebte „der Student, der einmal 'n ganz berühmter Dirigent wird".

Im Frühjahr 1998 also entstand im zweiten Stock, über dem Fischereibedarf, „das schönste Atelier der Welt", wie Mathéy versichert. Wieder einmal wurde der Fußboden mit einer ausgeliehenen Schleifmaschine renoviert. „Wir hatten auch von einer Firma einen Kostenvoranschlag über 33 000 Schilling." Rund 300 Quadratmeter, auf denen nicht nur heimische KünstlerInnen, sondern auch Gäste arbeiten sollen: Ein Austausch mit KünstlerInnen aus Frankreich und Amerika soll weiteren frischen Wind in das Haus bringen.

Unten im Hof plante der umtriebige Hausbesitzer noch ein Theater – „so wie bei Shakespeare. Nur auf Brettern". Auch dieses sollte möglichst „ohne Subvention stattfinden. Vielleicht geh' ich mit dem Hut durch". Wer dort spielen soll, hatte Mathéy „noch keine Ahnung. Ich kann höchstens selber einen Clown Dolly machen. Ich hab' ja so was noch nie gemacht. Ich weiß nur, daß Max Reinhardt gut war. Schlechter möcht' ich nicht rauskommen." Obwohl Mathéy schon einiges in seinem Leben gemacht hatte: „Ich hatte 100 Berufe – mindestens 50 davon gibt es schon nich' mehr. Rasselbinder war mein erster Beruf. Gibt's nich' mehr. Dann war ich Fahrlehrer der Deutschen Wehrmacht. Die Wehrmacht gibt's nich' mehr. Schirrwart der Deutschen Wehrmacht. Gib's nich' mehr. Das sind schon drei Berufe, bevor ich noch berufen war."

Sogar noch einen Stock tiefer war Mathéy aktiv: „Das ist das tollste da unten. Mein Keller. Den zeig' ich euch noch." Beim Hauskauf hatte er noch gar nichts gewußt vom Gewölbe – nun hatte er es ausgegraben, neue Stiegen und neue Torbogen hineingemauert. „Genauso wie vorher is es jetzt hier. Neu ist nur, daß keine Erde mehr drin' is'." Was hier unten verwirklicht wird? „Vielleicht eine Weinstube – und hier spielt die Musik." Eines ist gewiß: „Hier möchte ich was ganz großes machen. Ich weiß nur noch nicht, was." An sich gäbe es noch einen zweiten Keller darunter. „Aber den laß ich jetzt. Dazu hab' ich keine Lust – ich möcht' ja noch hundert werden."

Der Gürtel als europäische Herausforderung

Als der Planungsstadtrat Hannes Swoboda in der Wiener Stadtzeitung „Falter“[13] den Gürtel als „eine offene Wunde in der Gesamtstadt“ bezeichnete, war es bis zum nächsten Versuch, das Ruder herumzureißen, nicht mehr weit. Und so entdeckten nach den Straßenbauern und den Autofetischisten die StadtplanerInnen den Gürtel unter einem neuen, einem europäischen Gesichtspunkt wieder.

Die verkehrspolitische Ohnmacht, die sozialen Alarmmeldungen und die stadtplanerische Ratlosigkeit angesichts dieses Teufelskreises bedrohlich anwachsender Probleme führten Mitte der neunziger Jahre zur Einsicht, daß es kein klares und einfaches Rezept für den Gürtel gibt. Höchstens eine Fülle von vielleicht sogar banal anmutenden Ideen könnte noch beim Gegensteuern helfen. Unsummen an öffentlichen Mitteln waren im Laufe der Jahrzehnte verplant worden, um die Gürtelregion politisch und städtebaulich in den Griff zu bekommen. Doch all diese Vorschläge waren entweder zu spektakulär und daher zu teuer oder wurden zerredet und nicht mit dem entsprechenden Nachdruck verfolgt.

Da meldete sich im Jänner 1995 die Architektin Silja Tillner zu Wort: Auf Einladung des damaligen Wiener Planungsstadtrats Hannes Swoboda hatte sie ein Konzept erarbeitet, das eine vollkommen neue Vorgehensweise für die Gürtelregion vorschlug. Keine gigantomanischen Bauprojekte sollten mehr verfolgt werden – kleinere, billigere und rasch umsetzbare Maßnahmen könnten die Attraktivität des Gürtels heben. Tillner analysierte in einer Studie die kleineren und großen Bausünden am Gürtel und griff exemplarisch sieben Zonen der verkehrsumfluteten Stadtachse heraus, wo sie hoffte, durch gezielte Investitionen nachhaltige Veränderungen herbeiführen zu können. Tillners Leitidee war dabei, das Image der Gürtelgegend zu verbessern. Solange diese Meile im Bewußtsein der Bevölkerung ausschließlich als Problemzone erlebt werde, sei der fortschreitende Niedergang der ganzen Region kaum zu verhindern. „Ist das Image einmal aufgewertet“, meinte die Architektin, „können leichter große Maßnahmen folgen.“ Silja Tillner zielte auf das Zentrum des Gürtels ab – und setzte dabei vor allem auf Transparenz und Licht. Die vielfach grob zugemauerten Stadtbahnbogen müßten wieder geöffnet und verglast werden, forderte sie. Und dort, wo die Stadtbahn in den Untergrund abtaucht, sollten die Gehwege überdacht und mit Lichtbändern erhellt werden, um das Sicherheitsgefühl zu heben. Für einzelne besonders abstoßende Orte, wie den Urban-Loritz-Platz, schlug die Architektin wettergeschützte Leitpfade vor. Den Uhlplatz wiederum sollte eine transparente „Wasserwand“ gegen den Gürtel hin abschirmen. Die größte Hoffnung für das Zustandekommen ihrer Vorschläge setzte die „Realo-Stadtplanerin“ in ein EU-Förderprojekt „Gürtel Plus“, das damals gerade konkrete Formen anzunehmen begann. Vier Monate später, im Mai 1995, besuchte die für Regionalfragen zuständige EU-Kommissarin Monika Wulf-Mathies gemeinsam mit dem Planungsstadtrat Hannes Swoboda und der damaligen

Linie der verlängerten Gumpendorfer Straße. Im Hintergrund die Pfarrkirche Maria vom Siege. Photographie, 1894

Die Pfarrkirche „Maria vom Siege" (Fünfhauser Kirche) auf dem Mariahilfer Gürtel im 15. Bezirk, 1867–75 nach Plänen von Friedrich Schmidt erbaut. Photographie, um 1920

Europa-Staatssekretärin Brigitte Ederer die schlimmsten Problemzonen am Westgürtel. Und bei dieser Besichtigung konnten die Pläne, ein „Urban"-Programm für die Gürtelregion zu begründen, konkretisiert werden. Diese „Urban"-Förderschiene der EU war für die Sanierung städtischer Problemzonen ins Leben gerufen worden, um in derartigen Gebieten eine drohende Verslumung nachhaltig abzuwenden.

Für den Wiener Gürtel wurde in den Verhandlungen mit Frau Wulf-Mathies ins Auge gefaßt, die besonders benachteiligten Zonen im 6., 7., 8., 9., 12., 15., 16. und 17. Bezirk zu bearbeiten. EU, Bund, Gemeinde und Bezirke sollten insgesamt 375 Millionen Schilling aufbringen, um eine soziale, wirtschaftliche und kulturelle Erneuerung einzuleiten. Die wichtigsten Ziele dieser ersten Skizze eines Entwicklungsprogrammes samt Maßnahmenkatalog:

– Schaffung neuer und innovativer Arbeitsplätze vor allem für Langzeitarbeitslose, Frauen und ausländische MitbürgerInnen;
– neue Formen der Integration durch eigene Kultur- und Bildungseinrichtungen;
– Verbesserung der Wohnungsqualität und der Wohnumwelt;
– Einsetzung eines Projektmanagements, das für die rasche und effiziente Umsetzung der einzelnen Projekte sorgen sollte.

Die Europakommissarin zeigte sich von den Wiener „Gürtel-Plus"-Plänen insgesamt recht angetan – die Entscheidung, ob sie nun tatsächlich zu einem Europaprojekt werden sollten, wurde für Ende 1995 erwartet.

Die erste Reaktion der Öffentlichkeit und der Medien auf diese doch recht beachtlichen österreichisch-europäischen Bemühungen war Skepsis. Eine Tageszeitung erinnerte in einem Artikel mit der Überschrift „Stadtplanung: Leere Ankündigungen haben böse Folgen. Des Gürtels Lust und Leid" an schon so oft enttäuschte Erwartungen. Sie zitierte die Erinnerungen einer alten Frau, die in ihrer Jugend den Gürtel als fast paradiesische Wohngegend erlebt hatte und Zeugin des stetigen Verfalls gewesen war. Trotz vieler Ankündigungen und Planungen um zweistellige Millionenbeträge sei nichts passiert. „Die Gegend verkam weiter. Und so nähme es nicht wunder, würde unsere Dame, lebte sie noch, auch den neuerlichen Ankündigungen einer Bund-, Stadt-Wien- und EU-Investition in die Gürtelgegend wenig Glauben schenken. Sie ist leider schon verstorben!“[14]

Trotz dieser urwienerischen Skepsis scheint mittlerweile einiges dafür zu sprechen, daß die neuen Strategien städtebaulicher Sanierung tatsächlich positive Wirkungen entfalten können. Die Entwicklung am Gürtel wird zu einem Testfall für eine umfassende, sanfte Intervention: kleine, aber vielfältige Maßnahmen, die eine Trendumkehr in einer städtischen Abstiegszone initiieren sollen. Dabei geht es nicht mehr um Radikalsanierungen, um technokratische Utopien, die über die Bedürfnisse der Bevölkerung hinweg geplant werden. Diese neue Philosophie setzt auf die Stärken, die Hoffnungen und Entfaltungsmöglichkeiten, die auch in einem abgewirtschafteten Problemgebiet immer noch vorhanden sind.

Die neue Sicht der Stadt

Der neue Geist, der das Wiener Urban-Projekt für den Gürtel belebte, kam keineswegs aus dem Nichts, sondern entwickelte sich auf einem fruchtbaren Boden neuer und unkonventioneller städtebaulicher Theorien. Einen derartigen Akzent, der durch eine tiefgehende Analyse städtischer Ballungszentren zu faszinierenden Zukunftsperspektiven führte, setzte etwa das „Europaforum Wien“[15] mit einem Fachseminar am 6. Juli 1995: „Weltstädte und Stadtwelten. Zur Neuordnung von Stadträumen und Stadtgesellschaften durch neue Informationstechnologien – Erfahrungen und Thesen aus der Stadt Frankfurt am Main“. Hier wurden vorerst die gravierenden Veränderungen im Gefüge der Städte beleuchtet, die in den vergangenen Jahren durch komplexe Prozesse der Umstrukturierung und Globalisierung ausgelöst worden waren. Eine Entwicklung, die nachhaltige technisch-ökonomische, aber auch soziokulturelle Veränderungen in den Ballungsräumen ausgelöst hatte.

Eines war den TeilnehmerInnen dabei von Anfang an klar: Daß man diesen ungewohnten Anforderungen der gewandelten Stadtstrukturen nur mit unkonventionellen Planungs- und Politikstrategien begegnen könnte. So heißt es etwa in den Tagungsunterlagen: „Überspitzt könnte man sagen: Waren die führenden Städte im Industriellen Zeitalter über ihre Position innerhalb eines Systems der Verarbeitung materieller Ressourcen definiert, so fungieren die Metropolen heute eher als Zentren der Produktion und des Transfers von Information und Wissen. ... Bestimmte örtliche und historische Eigenheiten werden nicht einfach nivelliert, sondern begleiten als Inszenierung des Lokalen den Globalisierungsprozeß ... Mit dem Ausbau der 'Headquarter Economy‘[16] kommt es in den Metropolen zu einer Dualisierung und Segmentierung des Arbeitsmarktes in einen hochqualifizierten Sektor und einen Niedriglohnbereich, der auch Formen einer informellen Ökonomie annehmen kann.“ Diese ökonomische Restrukturierung der Städte, insbesondere der damit verbundene Rückgang von qualifizierten Tätigkeiten mit mittlerem Einkommen, hat Konsequenzen: das Anwachsen einer hochqualifizierten und einkommensstarken Schicht von professionellen DienstleisterInnen und gleichzeitig das Entstehen schlechtbezahlter Jobs im unteren Produktions- und Dienstleistungsbereich. Die Folge sei eine wachsende „soziale Polarisierung“ der Besitz- und Einkommensverhältnisse – begleitet von starken sozialräumlichen und ethnischen Segregationsprozessen. „Allerdings verfügen – im Gegensatz zu den USA – Städte in Deutschland oder Österreich über ein weitaus umfassenderes sozialstaatliches Sicherheitssystem, um dessen Abbau es jedoch seit einiger Zeit geht.“

Dieses Auseinanderdriften sozialer Schichten in städtischen Ballungszentren hat seit den achtziger Jahren des 20. Jahrhunderts voll eingesetzt. Die Zugehörigkeit zu bestimmten sozialen Schichten wird nicht mehr „vererbt“ – sondern durch wechselseitige Abgrenzung bestimmt. Mit dem Aufstreben neuer Dienstleistungsschichten ohne soziale Tradition begann der Rückzug der industriellen Großstadtkultur, die sich allenfalls noch in Randzonen halten konnte. Traditionelle städtische Gruppierungen wurden so mit einem Mal zu VerliererInnen des urbanen Modernisierungsprozesses und konnten durch den Abbau sozialstaatlicher Auffangmechanismen kaum noch integriert werden.

Der Sozialwissenschaftler Claus Leggewie ortet in diesem Zusammenhang eine „Erosion des sozialdemokratischen gewerkschaftlichen Milieus“. Eine ehemalige Mittelschicht fällt immer weiter zurück, verliert ihr Mobilitätspotential – und ein neuer städtischer Rand entsteht: Arme, Alte, AusländerInnen werden aus den begehrten Wohngegenden gedrängt. Da die öffentlichen Verkehrssysteme gut ausgebaut sind, verlieren typische Industrieviertel, die früher an spezifische Produktionsprozesse gebunden waren, ihre Bedeutung. Und damit werden die gewachsenen Siedlungs- und Standortmuster bedeutungslos. Dieser soziale Abstiegsprozeß – die „sozialdemokratische Erosion“ also – manifestiert sich im Abstieg benachteiligter Wohnregionen und stellt die Grundlage für eine mögliche Slumbildung dar. Die politische Gefahr: Die zunehmende Spannung zwischen dem aufstrebenden Kommunikations- und Informationszentrum der City und dem Abstieg der Randzonen bewirke einen Auftrieb für rechte und rechtsradikale Gruppierungen.

In anderen europäischen Metropolen, die in die Breite wuchsen, sind vor allem monotone Stadtrandsiedlungen gefährdet. In Wien hingegen, wo die historische Ringstruktur und die klare Begrenzung durch den geschützten Wald- und Wiesengürtel dieses „Ausrinnen“ verhindern, wurden alte soziale Bruchlinien wie der Gürtel erfaßt. Die Villenviertel nahe dem Wald- und Wiesengürtel, die Quasi-Vororte wie Klosterneuburg oder Mödling, behaupteten sich als Nobelviertel für die ModernisierungsgewinnerInnen. Die ModernisierungsverliererInnen und die nicht integrierten MigrantInnen blieben zurück – in den früheren Arbeiter- und Handwerkervierteln mit privatem Hausbestand,

Lerchenfelder-Linie.
Photographie, um 1880

etwa am äußeren Westgürtel oder im Bereich des Wientales. Die rasante Dynamik der sozialen und ökonomischen Entwicklung hat nicht nur in Wien Stadtplanung und Politik überfordert. Die städtischen Siedlungsräume gleichen lebenden Organismen, die ganzheitlich auf Einflüsse von außen reagieren: Äußerst sensibel sprechen sie auf Reize, auf Umweltveränderungen an, wehren so manchen Interventionsversuch ab und verstärken statt dessen andere Impulse. Oftmals dauert es lange, bis politische Entscheidungen zu sichtbaren Auswirkungen führen. Dann aber kann es zu negativen sozialen und ökonomischen Kettenreaktionen kommen.

Im Wechselspiel dieser Kräfte können die historisch gewachsenen Städte immer schwerer durch politische Entscheidungen gesteuert werden. Vor allem im außereuropäischen Raum – insbesondere in Schwellen- und Entwicklungsländern – gehorchen die Agglomerationen nur noch ihrer Eigendynamik. Aber auch innerhalb der Europäischen Union gibt es kein Patentrezept für die neuen urbanen Probleme – zu vielfältig sind die in den Städten aufeinanderprallenden gegensätzlichen Interessen des Staates, der Stadt und der einzelnen Bevölkerungsgruppen, der Wirtschaftstreibenden, der Grund- und HauseigentümerInnen. Es gibt keine Wunderkur, um bei Krankheitssymptomen in Teilen der Stadt einen Genesungsprozeß einzuleiten. Selbst dann, wenn Betroffene und ExpertInnen meinen, eine taugliche Antwort gefunden zu haben, ist dennoch in den meisten Fällen die Umsetzung der Vorschläge und insbesondere die Finanzierung der nötigen Maßnahmen keineswegs gesichert.

Trotz der unterschiedlichen historischen Entwicklung der Städte und ihrer spezifischen Problemzonen kommt europaweit immer öfter eine Strategie zum Einsatz: In den typischen urbanen Krisenherden werden vielfältige kleine Hebel angesetzt, um nach und nach eine Trendumkehr zu bewirken. In diesem Sinne wurden in internationaler Zusammenarbeit Lösungsansätze für die notorische großstädtische Verkehrsmisere entwickelt – aber auch ein spezielles EU-Förderungskonzept: das sogenannte Urban-Programm eben.

Ganzheitliche Verkehrslösungen

Für den Verkehrsbereich gibt es seit Mai 1994 gemeinsame Anstrengungen der Städte Berlin, Brüssel, Budapest, Lissabon und Wien: Ein Bündel abgestimmter Maßnahmen soll zu einer deutlichen Verkehrsberuhigung führen. Diese Zusammenarbeit der vier EU-Städte mit Budapest findet im Rahmen des Programmes Ecos (European Cities Cooperation System) & Ouverture statt, das vom europäischen Fonds für Regionalentwicklung (Efre) finanziert wird.

Am Anfang dieser Städtekooperation standen umfangreiche Analysen von Bevölkerungsstruktur, Mobilität, Pkw-Dichte, Verkehrsaufkommen und öffentlichem Verkehr. Das für den Vergleich geeignete Meßinstrument, der „Modal Split", zeigt die Aufteilung der zurückgelegten Wege auf die einzelnen Verkehrsmittel: vom motorisierten Individualverkehr, den Autos, über öffentliche Verkehrsmittel bis hin zum Gehen oder Radfahren. Ziel der PlanerInnen war es nun, den motorisierten Straßenverkehr durch gezielte Flächennutzungspolitik zu reduzieren. In Wien sollten daher nicht nur die Stadterweiterungsgebiete über Schnell- und U-Bahnen mit dem Zentrum verbunden, sondern umweltfreundliche Verkehrsarten im ganzen Stadtgebiet forciert werden. Netzerweiterungen bei öffentlichen Verkehrsmitteln und weitere Investitionen in die Erneuerung und Modernisierung des Fuhrparkes können den Anreiz, „öffentlich" unterwegs zu sein, erhöhen. Fußgängerzonen und andere autofreie Bereiche müssen geschaffen werden, und durch kleine, aber wichtige Maßnahmen wie die Festlegung von Mindestbreiten für Gehsteige ergänzt werden. Diese Gehwege dürften dann aber nicht wieder – eine Wiener Unsitte – teilweise zum Parken freigegeben werden.

Bei diesem grenzüberschreitenden Projekt wurde der innerstädtische Verkehr in seiner Gesamtheit betrachtet – eine Folge der Erkenntnis, daß der ausufernde Straßenverkehr nur dann einzudämmen ist, wenn man das gesamte Verkehrsgeschehen in einer Stadt in die Planungen mit einbezieht und nicht einen Straßenzug mit extremer Belastung isoliert behandelt. Diese neuen verkehrspolitischen Ansätze unterscheiden sich daher grundsätzlich von der Vorgehensweise der Gürtelkommission, die sich auf die besonders überlasteten Straßenzüge des Gürtels, der Süd- und Westeinfahrt, konzentrierte und dabei fast zwangsläufig scheitern mußte.

Lerchenfelder-Linie.
Photographie, um 1880

Ergänzend dazu forcierte Planungsstadtrat Hannes Swoboda 1996 noch ein weiteres ehrgeiziges Vorhaben: die Parkraumbewirtschaftung – vorerst nur in Teilen der Stadt. Ein Projekt, bei dem sich auch die Städte Bratislava, Prag und Warschau als „Gäste" beteiligten. Der öffentliche Verkehr, Radfahren und Gehen werden nur dann attraktive Alternativen darstellen, wenn der motorisierte Straßenverkehr nicht mehr ohne weiteres den gesamten öffentlichen Straßenraum für sich in Anspruch nehmen kann. Die Kommune setzte bei der Parkraumbewirtschaftung den Hebel an: Extrem knappe und daher kostbare Freiflächen im Straßenraum können nun nicht mehr selbstverständlich und zum Nulltarif als Parkplatz genutzt werden. Denn gerade in zentrumsnahen Zonen herrscht in praktisch allen europäischen Städten ein Mangel an erschwinglichem Wohnraum und an öffentlich zugänglichen Grünflächen und Erholungsgebieten. Notwendige Freiräume also, die lebenswichtige Bedürfnisse der Menschen befriedigen und nicht unter die Räder des motorisierten Straßenverkehrs kommen dürfen.

Die Einführung einer Parkraumbewirtschaftung bedeutet zumeist auch die Realisierung eines Bündels flankierender Maßnahmen, wie etwa die Errichtung von Garagen, die Einführung neuer Leitsysteme, die Ausdehnung der Ladezonen, die Einrichtung neuer Haltestellen und eine Frequenzverdichtung beim öffentlichen Verkehr. Neue Park-and-Ride-Plätze werden errichtet, die Kontrolle der Parkplätze intensiviert und die Öffentlichkeitsarbeit verstärkt, um die Unterstützung der Bevölkerung sicherzustellen.

In Wien wurde der 1. Bezirk bereits am 1. Juli 1993 zur „Blauen Zone“ – ein zunächst einjähriger Pilotversuch, der nach einem halben Jahr Planung gestartet wurde. Seither ist die City an Werktagen von 9 bis 19 Uhr flächendeckend Kurzparkzone. EinwohnerInnen und Betriebe bekommen unter bestimmten Voraussetzungen eine Ausnahmegenehmigung, das sogenannte „Parkpickerl“. Die vorher hoffnungslos überparkte Innenstadt konnte umgehend aufatmen: Mit einem Schlag gab es wieder freie Parkplätze und deutlich weniger Verkehrsaufkommen. Bevölkerung und auch Betriebe reagierten jedenfalls so positiv, daß schon bald eine Ausweitung der Parkraumbewirtschaftung auf weitere Bezirke beschlossen wurde. Fast alle Bezirke innerhalb des Gürtels wurden 1995 bzw. 1997 zur „Pickerlzone“. Bei der nächsten Erweiterung im 2. und 20. Bezirk sollten nur einige Zonen, wie der Prater, von dieser Regelung ausgenommen bleiben.

Die Forderungen der Grün- und Umweltbewegung sowie vieler BürgerInnen gehen jedoch weit darüber hinaus: Das gesamte Stadtgebiet, jedenfalls aber die dichtbesiedelten und vom motorisierten Straßenverkehr stark in Mitleidenschaft gezogenen Gebiete außerhalb des Gürtels müßten in dieses Regulierungssystem einbezogen werden. Schließlich ist auch dort der öffentliche Raum ein derart knappes Gut, daß ein Gratisangebot an öffentlichem Parkraum nicht mehr gerechtfertigt scheint. Außerdem gilt es, die Außenbezirke vor den Auswirkungen des „Park-Tourismus“ der „Pickerlmuffel“ zu schützen. Jetzt wird eben außerhalb des Gürtels derart hemmungslos geparkt, daß bereits 60 Gewerbetreibende mit Unterstützung der Grünen eine Unterschriftenaktion für das „Parkpickerl“ durchführten und sogar drohten, ihre Betriebe notfalls abzusiedeln.

Vorsicht ist aber geboten, denn die räumlichen Unterschiede in den Lebenshaltungskosten, beim Wohnen oder auch bei der Benutzung des Autos können sich durch die Eigengesetzlichkeit urbaner Prozesse aufschaukeln. Bei der Parkraumbewirtschaftung sind flächendeckende Gesamtkonzepte gefragt, und nicht wie damals bei der Verzehrungssteuer ein willkürliches Kostengefälle in der Stadt. Die Gefahr eines weiteren Auseinanderdriftens besteht jedenfalls: Ökonomische und soziale Veränderungen haben seit jeher lebendige, pulsierende Urbanzonen stärker erfaßt als träge, nobel isolierte Gebiete. Und die institutionalisierten politischen Mechanismen auf staatlicher und städtischer Ebene können weder dem unterschiedlichen Tempo des Wandels noch der verschiedenen Intensität der Probleme gerecht werden.

In Zeiten hoher Stabilität macht sich diese Kluft zwischen den unterschiedlichen regionalen Problemen und politischen Strategien weniger kraß bemerkbar als in Zeiten des rasanten Wandels. Und es waren gewaltige Einflüsse, die in jüngerer Zeit dynamisch auf die Stadt einwirkten: der Fall des Eisernen Vorhangs, Fluchtbewegungen als Folge des Krieges in Bosnien sowie der EU-Beitritt Österreichs. Angesichts dieser Springflut an neuen Gegebenheiten müssen gerade diejenigen, die am unteren Ende der sozialen Hierarchie stehen, auf eine wirksame und stabile staatliche und städtische Sozialpolitik vertrauen können. Andernfalls werden diese Veränderungen nicht mehr als Chance und Herausforderung wahrgenommen, sondern als existenzgefährdende Bedrohung. Die Reaktionen liegen auf der Hand: Diffuse Ängste und politische Verdrossenheit bereiten den Boden für populistische Hetze und rechtsextreme Agitation.

Ein Silberstreifen am Horizont ist erkennbar: Neue politische Strömungen sind seit jeher am ehesten von urbanen Ballungsräumen ausgegangen. Ein wachsendes europäisches Problembewußtsein hat zu neuen Ansätzen innerhalb der Europäischen Union geführt, die zwar insgesamt noch nicht zu einer Eindämmung der globalen Auswüchse des „Killerkapitalismus" geführt haben – wohl aber zur Bereitschaft, den Teufelskreis urbaner Probleme, der zur Entstehung von Slumgebieten führt, zu durchbrechen.

Europa entdeckt den Gürtel

Europa muß mehr sein als ein entfesselter Markt, der kein soziales und ökologisches Gewissen hat. In speziellen städtischen Problemregionen wurde der Versuch einer Gegensteuerung eingeleitet. Mitte Mai 1997 nahmen bereits 84 Städte am Urban-Programm der EU teil, und bei einer internationalen Tagung über „Integration in europäischen Städten" wurde eine Erweiterung auf etwa 110 Städte in Aussicht gestellt. Jedes einzelne Urban-Projekt weist seine regionalen Besonderheiten auf. Dennoch gibt es Parallelen – vor allem was die Kettenreaktion von sich selbst verstärkenden Schwierigkeiten betrifft. Der Gedankenaustausch soll dazu beitragen, positive Erfahrungen möglichst rasch europaweit zu verbreiten.

Das Wiener Urban-Projekt „Gürtel Plus" wurde am 21. Dezember 1995 durch die offizielle Vertragsunterzeichnung in Brüssel gestartet. Urban-Projekte laufen im Förderungssystem der EU als „Gemeinschaftsinitiativen". Das heißt, daß sich die Kommission während der Laufzeit des Projektes – anders als bei den „Zielgebietsförderungen" wie im Burgenland – ein Mitspracherecht vorbehält. Finanziert werden Urban-Projekte aus zwei Fonds: dem Europäischen Fonds für regionale Entwicklung (Efre) und dem Europäischen Sozialfonds (Esf). Wien ist die bisher einzige österreichische Stadt, der es gelungen ist, Urban-Förderungsmittel zu erhalten. Allerdings gehört Wien auf der Liste der europäischen Urban-Vorhaben zu den reichsten und – sieht man von der Gürtelregion und einzelnen lokalen Krisenzonen ab – relativ unproblematischen Städten.

Noch jedenfalls geht es nicht um die Sanierung „echter" Slums, sondern um neue Impulse für ein innerstädtisches Gebiet, das von einem ständigen Niedergang und von wachsender sozialer Abschottung betroffen ist. Um so genauer müssen daher in Wien die Vorgaben des Urban-Programmes beachtet werden. Die Förderungswerber – die Stadt Wien und die Republik Österreich – haben bei der Umsetzung des Gürtel-Plus-Projekts Detailprogramme zu erstellen, die durch eine Kombination arbeitsmarktpolitischer, wirtschaftsfördernder und integrativer Maßnahmen langfristige Effekte auslösen sollen. Rein bauliche Sanierungs- und Renovierungsarbeiten sind von dieser EU-Unterstützung ebenso ausgeschlossen wie Verkehrsinvestitionen. Denn dieses Programm soll kein Ersatz für herkömmliche kommunale Aufgaben sein, sondern neue, die einzelnen Verwaltungsressorts überschreitende Lösungsansätze erarbeiten, die für andere europäische Ballungsräume Beispielcharakter haben.

Die Abgrenzung der Wiener Urban-Zone erfolgte in zwei Arbeitsschritten. Zunächst wurden anhand von sechs städtebaulichen und sozialen Indikatoren benachteiligte Gebiete bestimmt, die grundsätzlich als Förderungsgebiete in Betracht kamen. Die so ermittelten Zonen umfassen in Wien nur etwa fünf Prozent des Stadtgebietes – in dem allerdings mehr als ein Viertel der Wiener Bevölkerung (28 Prozent) lebt. In einem zweiten Arbeitsschritt wurde die Urban-Zone Wien aufgrund besonders stark ausgeprägter „Negativindikatoren“, wie etwa Anteil der Substandardwohnungen, AusländerInnenquote, Arbeitslosenrate, mangelhafte Grünflächenversorgung, hohe Bebauungsdichte, schlechte Bausubstanz usw. definiert. Bei dieser Erfassung wurde zum Teil regelrecht um einzelne Häuserblöcke gefeilscht. Ein für das Wiener Förderungsgebiet besonderes Charakteristikum war der hohe Anteil von Gebäuden aus der frühen Gründerzeit (1848–1870), die außerhalb des Linienwalls rasch errichtet und ohne gesamtstädtische Planung als Arbeiterquartiere angelegt worden waren.

Wien 8, Lerchenfelder-Linie, Blindengasse 25. Linienkapelle. Photographie von Anton Stauda, 1893

Wie sich zeigte, entspricht das Wiener Urban-Programm den Zielsetzungen des zweiten Stadtentwicklungsplanes von 1994, der von der Vorstellung der offenen Gesellschaft geprägt ist, von der bewußten Bejahung der „Vielvölkerstadt“ Wien – auch wenn dies in zahlreichen Gesetzen und öffentlichen Entscheidungen noch nicht wirklich zum Tragen kommt: „Stadtentwicklungspolitik muß einerseits allen helfen, die Chance der offenen Gesellschaft zu nutzen, aber andererseits jene unterstützen, die Opfer dieser Entwicklung zu werden drohen. Stadtentwicklungspolitik muß damit einen wesentlichen Beitrag zum Zusammenhalt einer urbanen Gesellschaft leisten.“[17]

Wie bei allen Urban-Projekten bildet eine Erhebung der Schwächen, aber auch der Stärken der Region den Ausgangspunkt für Interventionen. Als günstige Bedingungen der Gürtel-Plus-Zone wurden folgende Umstände genannt:

– Innerstädtische Standortgunst des Gebietes sowie die gute Anbindung an leistungsstarke öffentliche Verkehrsmittel.
– Ein Mindeststandard an sozialer Infrastruktur ist vorhanden, insbesondere eine relativ dichte Ausstattung mit Pflichtschulen, die bisher (wenn auch teilweise mit Schwierigkeiten) die durch Zuzug ausgelöste starke Nachfrage quantitativ verkraften konnten.
– Lokale Erfahrungen der sozialen Dienste und der Gebietsbetreuungen im Rahmen der „sanften Stadterneuerung“ wurden reichlich gesammelt. Eine Zusammenführung der bisher ziem-

Burg-Linie.
Photographie, um 1880

lich autonom arbeitenden Einrichtungen wäre möglich und wichtig.
– Es gibt punktuelle private Initiativen im Hinblick auf Beschäftigung, Integration und Qualifizierung (wie der Club International am Yppenplatz), und sie verfügen über großes Wissen hinsichtlich konkreter Anliegen und Probleme vor Ort.
– Gewerbebetriebe, vor allem Gaststätten und Lokale mit Tradition, sind – wenn auch oft sanierungsbedürftig – vorhanden, zahlreiche leerstehende Betriebsstätten bieten Chancen für neue Arbeitsplätze.

Neben den immer noch vorhandenen Stärken der Gürtelregion wurden freilich auch die ungünstigen Bedingungen im Planungsgebiet erfaßt:

– Der Wohnungsstandard und die pro Person zur Verfügung stehende Fläche liegen deutlich unter dem Wiener Durchschnitt. Die durchschnittliche Wohnungsgröße beträgt in der Urban-Zone 58 Quadratmeter.
– Der Mangel an öffentlichen Grünflächen ist drastisch: Ein Quadratmeter Grünraum pro BewohnerIn – Parks und Spielplätze sind extrem rar.
– Die konzentrierte Ansiedelung von AusländerInnen hat zu einer demographischen und sozialen Umstrukturierung geführt. Der schlechte Wohnungsbestand wird teils zu Wucherpreisen und im desolaten Zustand an ArbeitsmigrantInnen vermietet. Die hohen Kosten führen wiederum zu überbelegten Wohnungen und sozialen Spannungen in den Häusern.

Eröffnung der Wiener Stadtbahn am 9. Mai 1898. Festakt vor der Station Michelbeuern. Kaiser Franz Joseph I. wohnt unter dem Hofzelt dem Weiheakt bei.

– Die Arbeitslosenquote ist laut Volkszählung 1991 mit 11,3 Prozent um zwei Prozentpunkte höher als in der Stadt insgesamt.
– Die Betriebe der Urban-Zone leiden unter schlechten Standortbedingungen: Nahezu alle Geschäftsstraßen sind vom Niedergang bedroht. Einerseits häufen sich Betriebsschließungen, leerstehende Lokale und Fälle von Verwahrlosung, andererseits können manche expandierende Betriebe ihre Raumproblemen in der Region nicht mehr lösen.
– Hohe Lärm- und Abgasemissionen beeinträchtigen die Lebensqualität und die Attraktivität des Wirtschaftsstandorts.
– Das Überhandnehmen der Rotlichtszene vermittelt vor allem Frauen ein Gefühl der Unsicherheit und erschwert gleichzeitig die Entstehung von allgemein nutzbaren Kulturangeboten.

Das gesamte Förderungsvolumen beträgt nun über 400 Millionen Schilling (das sind ca. 29 Mio. Euro), die großteils aus öffentlichen Mitteln bereitgestellt werden: Teils aus den europäischen Strukturfonds (maximal 127 Millionen Schilling), teils aus Bundes-, Landes- und Bezirksmitteln (rund 210 Millionen Schilling). Der Rest von rund 78 Millionen Schilling soll privat aufgebracht werden. Dabei war von Anfang an klar, daß die Summe aller Förderungen bestenfalls ein Startimpuls sein kann und keinesfalls zur Lösung der offenen Probleme ausreicht. Die Kommune hofft daher auf öffentliche und private Folgeinvestitionen.

Die vier Themenschwerpunkte des Gürtel-Plus-Programms sehen folgende Akzente vor:

– Sanierung und Arbeit schaffen durch Qualifizieren, Organisieren und Investieren (Saquori). Die regionale Wirtschaftsstruktur soll belebt, ökologische Arbeitsplätze sollen geschaffen werden.
– Neue soziale und kulturelle Öffentlichkeit (Nesköff). Das Selbsthilfepotential diskriminierter Gruppen muß gestärkt werden.
– Urbane Intervention Gürtel West (Urbion). Eine Jugend- und Kulturmeile kann das Image des Gürtels verbessern.
– Projektmanagement Technische Hilfe (Protech). Externe ExpertInnen besorgen das begleitende Monitoring.

Eröffnung der Wiener Stadtbahn am 9. Mai 1898 bei der Station Michelbeuern am Währinger Gürtel. Kaiser Franz Joseph I. mit Kardinal Anton Josef Gruscha.

Seit der Beschlußfassung über das Wiener Urban-Projekt ist einige Zeit vergangen. Und wie in den meisten anderen europäischen Urban-Zonen sind die bisherigen Erfahrungen gemischt. Im Mai 1996 genehmigte der mit der Abwicklung des Projekts betraute Urban-Beirat die Einrichtung eines eigenen Urban-Büros. Zwei Monate später wurde die Architektin Silja Tillner, von Anfang an überzeugte „Gürtelpionierin", mit der Planung und Koordination des Schwerpunktes „Urban-Intervention-West" (Urbion) beauftragt. Das Urban-Büro am Yppenplatz erstellt umfangreiche Berichte über die Projektfortschritte.

Die Prüfung, Beurteilung und Durchführung der Maßnahmen übernahmen zum Teil MitarbeiterInnen der beteiligten städtischen Trägerorganisationen (Wiener Wirtschaftsförderungsfonds, Wiener Integrationsfonds, Wiener Bodenbereitstellungs- und Stadterneuerungsfonds) oder Beschäftigte der hauptsächlich involvierten Bundeseinrichtungen (Bundeskanzleramt, Sozial-, Umwelt- und Wirtschaftsministerium) sowie der ERP-Fonds. Bis Ende 1997 lagen etwa 70 eingereichte und positiv beurteilte Einzelprojekte vor.

Bis zum März 1998 hatten sich diese allerdings auf 32 Projekte reduziert, von denen drei realisiert waren; weitere 15 befanden sich in der Anlaufphase und 14 waren „in der Phase intensiver Vorbereitungen".

Stadtbahnbogen – Das lange Warten auf den Durchbruch

Besonders zäh und träge gehen Umbau und Wiederbelebung der zugemauerten, verkleisterten und verkommenen Stadtbahnbogen in der Gürtelmitte vonstatten. Die bauliche Barriere verstärkte den linearen Durchfahrtscharakter dieses Verkehrsbandes. Links und rechts zogen sich endlos Blechschlangen dahin, dazwischen ragte wie ein Stadtwall die U6-Bahntrasse empor. Nur wenige Geschäfte – hier ein Korbgeschäft, dort ein Kfz-Mechanikerbetrieb – konnten sich in diesem Milieu halten. Neue Investitionen gab es so gut wie keine – höchstens in Ergänzung zum nächtlichen Leben am Gürtel, wie etwa die „älteste Peepshow“ von Wien neben der Station Nußdorfer Straße.

Im Frühjahr 1997 ergab die Beantwortung einer Anfrage der Grünen im Wiener Gemeiderat: 92 der insgesamt ca. 350 Bogen wurden von der Stadt Wien für kommunale Versorgungsunternehmen genutzt – insbesondere von den Wiener Linien, Wiengas und Wien Strom. 30 Stadtbahnbogen standen leer und werden für das Urban-Projekt bereitgehalten. Die restlichen Bogen sind über unbefristete Mietverträge an Private vergeben und werden meist als Lagerraum oder Rumpelkammer genutzt. Schon vor den ersten EU-Investitionen hatte am Lerchenfelder Gürtel das Jugendmusiklokal „Chelsea“ eröffnet und eindrucksvoll bewiesen, daß selbst in diesem Umfeld anderes Leben möglich ist.

Die Stadtbahn bei der Betriebsaufnahme 1898

Im Zuge des Gürtel-Plus-Projektes ging die Architektin Silja Tillner noch einen Schritt weiter: Die Bogen sollen nicht nur mit Strom-, Gas- und Wasseranschlüssen versehen, sondern wieder transparent werden. Nach der Entfernung des Mauerwerkes in den Bogen ermöglicht nun die großzügige Gestaltung mit Glasfassaden neue, optische Querverbindungen – Auslagenscheiben, die gleichzeitig ein vollkommen neues Raumgefühl vermitteln. Diese Fensterelemente geben dem Gürtelviadukt einerseits ein einheitliches, offenes Erscheinungsbild – bieten aber gleichzeitig hohe Flexibilität für die künftigen NutzerInnen. Bei dem „gläsernen Baukastensystem“ kann etwa zwischen Einfach- oder Doppeltüre gewählt werden. Die Isolierglasscheiben werden in thermisch getrennten Winkelrahmen gehalten, die am Mauerwerk zu befestigen, aber nicht in die Wand einzuschneiden sind.

Diese neue Transparenz zwischen Innen- und Außengürtel wird auch in der Nacht durch ein von Tillner entwickeltes Beleuchtungskonzept erlebbar. Strahler, die direkt an den Stadtbahnbogen befestigt werden, sollen den düsteren Mittelstreifen in eine freundliche Flaniermeile verwandeln, die ansprechende Grüngestaltung, attraktive Gehwege und Schanigärten aufweist. Nach einem ersten „Modellbogen“ im Bereich Nußdorfer Straße sollen Anfang 1998 nach langem Hin und Her die Bogen im Abschnitt Josefstädter Straße – Thaliastraße vergeben werden: ein bunter Nutzungsmix, vom Computer- und Mediencafé bis hin zur Buchhandlung mit einem Literaturschwerpunkt für HIV-Positive.

Allein: Als es endlich konkret wurde, sprangen sechs der potentiellen NutzerInnen ab – weil die Kosten höher waren als angenommen. Tillner freute sich allerdings, „daß einige Interessenten der ersten Stunde durchgehalten haben“. So etwa ein Internetcafé, eine Bäckerei und die „Kulturbar“, ein Live-Musik-Lokal. Später sollen ein persisches Kulturrestaurant und ein Glasgeschäft an die Reihe kommen. „Es sind weniger geförderte Projekte dabei als geplant“, gestand Tillner, aber: „Der Nutzermix entspricht dennoch dem soziokulturellen Konzept, das wir uns vorgenommen haben.“ Jeder einzelne dieser neuen Mieter investierte rund zwei Millionen Schilling für sein neues Geschäftslokal. Bei 30 Bogen ist das immerhin ein Investitionsvolumen von

Eröffnung der Wiener Stadtbahn am 9. Mai 1898. Der Hofzug Kaiser Franz Josephs I. auf der Fahrt zwischen den Stationen Michelbeuern und Währinger Straße.

60 Millionen Schilling – nahezu der gleiche Betrag, den die öffentliche Hand für die neue Infrastruktur bereitstellte.

Eines der ehrgeizigsten Projekte hatte bereits vorher eine schnöde Absage der Stadt erhalten: die Echothek, die als integrativer Treffpunkt von AusländerInnen der zweiten Generation konzipiert worden war. Nach zähen Verhandlungen wies die Gemeinde Wien die Projektgruppe ab: Das Vorhaben, das mit rund zehn Millionen Schilling budgetiert war, sei zu teuer, hieß es. Und das, obwohl die Jugendlichen ein Gutteil der Arbeit in Eigenbau leisten wollten. Gipfelpunkt war wohl die Aussage eines Obersenatsrates des Wiener Magistrats, der erklärte: Das Lokal sei ja nur „für eine bescheidene Zielgruppe von 100 bis 200 Türken". Gegenargumente, daß die Echothek nicht nur für ausländische, sondern sehr wohl auch für Wiener Gäste offen sei, halfen ebensowenig wie der Hinweis, daß am Gürtel nun einmal zahlreiche MigrantInnen leben.

Der Urban-Loritz-Platz – neu überdacht

Ein stadtplanerisches Unding war jahrzehntelang der Urban-Loritz-Platz am Gürtel: fünf zerschnittene Teilbereiche, die keinesfalls als Einheit erlebt wurden, mit zwei isolierten Zonen in der Mitte, dem Vorplatz der U6-Station Burggasse und der Halte-

Linienkapelle Währinger Straße – Schulgasse/Gürtel, knapp nach der Fertigstellung der Stadtbahn (Verbindungsbahn)

stelle der Straßenbahnlinie 49. Und das, obwohl auf diesem Knotenpunkt des öffentlichen Verkehrs Tag für Tag mehr als 20 000 Menschen umsteigen und sich von hier aus regelmäßig ein mächtiger Menschenstrom zu einem der größten Veranstaltungszentren Wiens, der Stadthalle, ergießt.

Die Umbauarbeiten im Rahmen des Gürtel-Plus-Projektes sollen einen urbanen „Platz“ schaffen. Die Architektin Silja Tillner konzipierte einen überdachten, wettergeschützten Aufenthaltsraum, überspannt von einer zeltartigen Dachkonstruktion. Darunter werden die Straßenbahnhaltestellen der Linien 6, 18 und 49 neu plaziert – direkt gegenüber dem Stationsgebäude der U6. Die Fußgängerverbindung zwischen Straßenbahn und U-Bahn wird mit einem niedrigeren, schmalen Dachteil architektonisch markiert. Die Gesamtkosten für dieses Projekt: 72,6 Millionen Schilling.

Ergänzend dazu plante Cordula Loidl-Reisch die Neugestaltung des Urban-Loritz-Parks. Die von der Westbahnstraße getrennten Zwillingshälften der Grünanlage werden durch einen niedrigen, umrahmten Holzsteg verbunden, der nicht nur zum Gehen, sondern auch zum Sitzen, Spielen und Warten einlädt. Der Grünbestand wird ergänzt und erneuert, beide Parkhälften bekommen Spielplätze samt Ballspielfeld und Sand-Matsch-Brunnen. Dazu eine kleine Duftoase: ein Staudengärtlein mit Lavendel, Salbei und anderen wohlriechenden Pflanzen, gesäumt von Banknischen. Zum Gürtel hin dient ein dichter Strauch-Kordon als Luftfilter, und der südliche Parkteil wird von einem transparenten „Wasserschleier“ umrahmt. Die notwendigen Investitionen belaufen sich auf 12,7 Millionen Schilling.

Ein weiteres Vorhaben scheiterte vorläufig am Veto des 15. Bezirkes: eine Promenade in der derzeitigen Nebenfahrbahn der Hütteldorfer Straße – als attraktive Fußverbindung zur Stadthalle. Das Argument gegen dieses Projekt lautet, daß dadurch zu viele Parkplätze verlorengehen würden.

Der Uhlplatz – ohne Wasserwand

Die Sorge um ein paar Parkplätze sowie die Angst vor „Lärm“ (!) verhinderten schließlich auch die Verwirklichung der phantasievollen Gestaltungspläne für den Uhlplatz am Hernalser Gürtel. Auch für diesen Ort hatte die Architektin Silja Tillner eine „Wasserwand“ wie im Urban-Loritz-Park vorgesehen. Die Hauptfunktion des Uhlplatzes bestand die längste Zeit über darin, als Zubringerstraße für den Gürtel zu dienen. Ein Platzgefühl konnte sich also lediglich während temporärer Straßensperren entwickeln. Zum hundertjährigen Jubiläum der Uhlkirche im Herbst 1998 sollte daher die Funktion dieses Ortes durch einen großzügigen Umbau neu definiert werden. Ein mit Bäumen umfaßter und autofreier Kirchenvorplatz sollte entstehen und die Verkehrsbrandung des Gürtels durch eine „Wasserwand“ abgeschirmt werden. Allein – diese Installation wurde von der Bezirksvertretung der Josefstadt abgelehnt: In der sogenannten Wasserwelt am Kardinal-Rauscher-Platz habe das Rauschen des Wassers zu Lärmbeschwerden geführt. Überdies sei das Projekt zu teuer. Und das, obwohl sich kurz zuvor bei den Vorbereitungen für den Urban-Loritz-Platz gezeigt hatte, daß diese Wasserwand nicht mehr als 300 000 Schilling gekostet hätte.

Wien 9, Stadtbahnhaltestelle Währinger Straße. Die Straßenbahnunterführungen Schulgasse und Währinger Straße der Linien 40, 41 und 42. Photographie, 1957

Statt dessen favorisierte der Bezirk als Schallschutz die Pflanzung von drei Meter hohen Hecken zum Gürtel hin. Ein Vorhaben, gegen das sich wiederum Silja Tillner vehement aussprach: „An anderen Stellen am Gürtel stutzen wir die Hecken, weil sich in ihrem Schutz Zuhälter aufhalten – und hier pflanzen wir neue? Ohne mich!“ Gleichzeitig wurde im Bezirk beschlossen, daß der Uhlplatz nicht gänzlich autofrei sein solle: Um ein paar Parkplätze zu retten, hieß es nun, daß der Platz zu einer Sackgasse umgestaltet werde. Bis schließlich Obersenatsrat Peter Brodesser, bei der Gemeinde Wien für die Abwicklung von EU-Förderungen zuständig, ein Machtwort sprach: „Es gibt drei Grundbedingungen. Die Beleuchtung der Kirche, ein überdachtes Kommunikationszentrum vor dem Pfarrheim, und wenn schon keine Wasserwand – dann ein durchlässiges Randgerüst. Wenn der Bezirk Büsche pflanzen will, ist eine EU-Förderung nicht möglich.“[18]

Wien 16, Lerchenfelder Gürtel 53. Fassade des Juweliergeschäfts Müller. Photographie von Bruno, um 1935

Eine urbane Bühne vor der Volksoper

In kaum einem anderen Opernhaus werden die Besucher so schnell nach dem Kunstgenuß wieder auf den Boden der Realität zurückgeholt wie in der Wiener Volksoper. Auf Operettenseligkeit folgt schlagartig das Brummen des Verkehrs, und die schönsten Bühnenbilder werden abgelöst vom Anblick des grauen, unübersichtlichen Vorplatzes der Station Währinger Straße.

1998 feierte dieses Opernhaus am Gürtel sein 100jähriges Bestehen – ein Anlaß, auch sein Umfeld im Zuge des Gürtel-Plus-Programmes attraktiver zu gestalten. Für diese Umbaupläne war besonders die nächtliche Nutzung ausschlaggebend. Breitere, klare Fußgängerbereiche – vor allem an den stark frequentierten Knotenpunkten. Für den unglücklich angelegten Radweg wurde eine neue Trasse definiert, und nicht zuletzt soll die Beleuchtung des Stationsgebäudes für ein helleres, freundlicheres Gegenüber sorgen.

Die Kunstmeile

Eine halbe Milliarde Schilling hat der Arcotel-Konzern in die Neugestaltung des traditionsreichen Hotels Wimberger am Gürtel investiert – das Umfeld des Betriebes wurde damit allerdings noch nicht verbessert. Ein breiter, völlig ungenutzter Grünstreifen vor der Tür legte die Schaffung einer Art Foyer für das Hotel nahe. Also holten die Hotelmanager einen Weltstar nach Wien: den New Yorker Architekten Vito Acconci.

Vier Tage lang marschierte Vito Acconci gemeinsam mit der Gürtel-Architektin Silja Tillner und der Landschaftsplanerin Cordula Loidl-Reisch den Gürtel auf und ab und ließ sich inspirieren. Nach Acconcis Abreise war die Idee einer „Kulturmeile Gürtel“ geboren. „Uns war von Anfang an wichtig, bei der Neugestaltung des Gürtels Künstler einzubeziehen“, erläutert Tillner. „Und ursprünglich schwebte mir vor, ähnlich wie in der New Yorker 42nd Street Open Spaces für temporäre Kunstwerke zu schaffen.“

Die Werkstatt Kollerschlag erarbeitete ein Sponsorenkonzept für zehn stationäre Kunstwerke – vorerst sollte eine „erste Phase“ von vier Kunstwerken zwischen Nußdorfer und Währinger Straße realisiert werden. Aber es fehlten schließlich die SponsorInnen: Im März 1998 blieb der Stadt nur mehr die Ankündigung übrig, wenigstens ein Kunstwerk zu finanzieren.

Kleine Schritte im Hintergrund

Am Gürtel selbst war im Frühjahr 1998 noch kaum etwas von Veränderungen und Investitionen zu sehen: Bis auf wenige Ausnahmen waren die Stadtbahnbogen noch zugemauert, die Gasthäuser abgewirtschaftet, Bauwerke und Bäume vom ewigen Verkehrsstrom in Mitleidenschaft gezogen und die PassantInnen in Eile, um diese unwirtliche Gegend so rasch wie möglich wieder zu verlassen. Aber hinter dieser trostlosen Kulisse hat die Idee vom Gürtel als Lebensraum bereits Fuß gefaßt. Regionale Initiativen haben ihre Arbeit aufgenommen: z. B. Grätzelarbeit Wilhelmsdorf, Stadtteilkultur Brunnenmarkt, Freiraum Pezzlpark oder Soziokulturelles Stadtteilprojekt Süd. Soziale Dienste für bestimmte Bevölkerungsgruppen wurden ins Werk gesetzt: Fraueninitiativen, Stützpunkte für Streetworker, Vereine im Dienst der Gesundheitsberatung und der Altenbetreuung sowie zahlreiche Integrationsinitiativen.

Eines der größten Projekte abseits der Gürtelmitte ist die Wiederbelebung einer leerstehenden Fabrik in der Brunhildengasse nahe der Schmelz. Auf Vermittlung der Wiener Grünen hat sich dort ein „Solarteurzentrum“ angesiedelt, das nun insgesamt 20

Wien 6/12, die von Otto Wagner konzipierte Wientalbrücke der Stadtbahn zwischen den heutigen U-Bahn-Stationen Gumpendorfer Straße und Längenfeldgasse. Photographie, um 1920

Wien 5, Schönbrunner Straße 124. Die heute noch erhaltene Kapelle bei der ehemaligen Hundsthurmer-Linie. Photographie, um 1910

Solarbetriebe beherbergen soll. Und die angehenden SonneninstallateurInnen werden in einer „Solarteursolarschule" ausgebildet – nach diesem Wiener Vorbild wurden bereits europaweit zwölf derartige Schulen eingerichtet. Der erste Bauteil dieses Solarteurzentrums wurde im März 1998 fertiggestellt – eine Investition von insgesamt 109 Millionen Schilling.

Dazu kommen noch Initiativen in Richtung Berufsfindung, Qualifizierung und Jobvermittlung – so ist etwa beim internationalen Jugendkultur- und Bildungszentrum in der Kenyongasse der Startschuß gefallen. Dort können sich vor allem weibliche Jugendliche aller Nationalitäten im Bereich Neue Medien und EDV weiterbilden. Und zum Teil sind es auch recht unkonventionelle Maßnahmen. Etwa in Ottakring, wo (früh-)pensionierte ProfessionistInnen ein Reparatur- und Servicezentrum gegründet haben und alte, kaputte Geräte übernehmen, reparieren und wieder billig weiterverkaufen.

Für eine umfassende Beurteilung der Erfolge oder Mißerfolge des Wiener Urban-Projektes ist es derzeit noch zu früh. Aber die bisher erkennbaren Schwachstellen und Kritikpunkte zeigen Parallelen zu anderen europäischen Urban-Initiativen auf. Der Hauptvorwurf, daß die Fortschritte des Projektes klein seien und die Abwicklung an Überbürokratisierung kranke, ist auch aus den Urban-Städten Amsterdam, Berlin, Brüssel, Den Haag oder Marseille zu vernehmen. Die ohnehin knappen Finanzmittel müssen über umständliche Verfahren angefordert werden. Es gab und gibt kein „Urban-Budget" – die Unterstützung muß für jedes einzelne Projekt bei den verschiedenen Dienststellen des Bundes oder der Stadt Wien gesichert werden.

Lugners Wolkenspange

Die Lugner-City in der Gablenzgasse: Der Einkaufstempel steht an dem Platz, wo früher die „Skolnik"-Fabrik war, einst „eine kommunistische Hochburg", wie sich der Wiener Baumeister Ing.

Gumpendorfer-Linie.
Photographie, um 1880

Wien 6, Mariahilfer Gürtel.
Blick auf das Gelände der Stadtbahnstrecke Gumpendorfer Straße gegen die Pfarrkirche „Maria vom Siege" und die Lazaristenkirche. Photographie, um 1890

Richard Lugner erinnert. Jetzt wird hier konsumiert – von Elektrogeräten über Schmuck und Kleidung bis hin zu Fitneß im „Club Danube" und Erotischem im Sex-Shop. Drei bis vier Millionen BesucherInnen strömen pro Jahr in die Lugner-City. Und damit gibt sich ein Unternehmer wie Richard Lugner noch lange nicht zufrieden: 1997 wurde der zweite Bauteil des Shopping Centers eröffnet. Bis 2 000 ist die Erschließung zum Gürtel hin geplant: ein Kinocenter für rund 2 700 Personen in elf Sälen, ergänzt durch weitere Gastronomie- und Unterhaltungsbetriebe.

Bei den Vorbereitungen für das nächste Erweiterungsprojekt scheint der Baumeister allerdings an eine Grenze gestoßen zu sein. Nicht an eine ökonomische, sondern vielmehr an eine „kommunale" Grenze. Eine, die ihm die Stadtverwaltung setzt. Eine 4 000 bis 5 000 Quadratmeter große „Wolkenspange" sollte über der U6-Station Burggasse errichtet werden, samt einem Verbindungssteg über der Gürtelfahrbahn, der einen direkten Zugang zu Kinocenter und Lugner City ermöglicht hätte.

Ein Vorhaben, das Richard Lugner von Anfang an kommerziell angelegt hatte: „Die Brückenkonstruktion über der Station würde immerhin 50 000 bis 60 000 Schilling pro Quadratmeter kosten", rechnet Lugner. „Baue ich im bestehenden Häuserblock am Gürtel, komme ich auf einen Quadratmeterpreis von rund 18 000 Schilling." Damit war Lugner allerdings schon vor Jahren an den damaligen Planungsstadtrat Hannes Swoboda geraten: Bei einer derartigen Investition an dieser Stelle müßten auch öffentliche Interessen berücksichtigt werden, hatte jener eingefordert. Den Jugendlichen dürften nicht nur Spielhallen und Diskothek, sondern sollten auch andere Freizeiteinrichtungen geboten werden: ein Jugendklub etwa oder ein Internet-Café.

Es folgten mehrere Umplanungen der Wolkenspangen-Nutzung. Aber auch das Projekt selbst wurde schließlich vom Fachbeirat für Stadtplanung nicht goutiert: Der erhöhte Glaspavillon des renommierten Architekten Adolf Krischanitz werde die freie Sicht in der Gürtelmitte verstellen, hieß es. „Die Wolkenspange ist ein Projekt, das städtebaulich entscheidend in gewachsene Strukturen eingegriffen und eine Einheit zerschnitten hätte“, erklärte der Beiratsvorsitzende Manfred Wehdorn. Vor allem die Verbindungsbrücke über der Gürtelfahrbahn fand keine Gnade beim Beirat. Wehdorn argumentierte weiter: „Dazu käme dieser Eingriff von einem Privaten.“ Auch wurde kritisiert, daß das Vorhaben vor allem kommerzieller statt öffentlicher Nutzung diene. Außerdem würden „prekäre“ Arbeitsplätze geschaffen. Und schließlich: Die Wolkenspange rufe nur neuen Verkehr hervor, statt ihn abzubauen.

„Der Gürtel ist keine Reitallee mehr, sondern eine vierspurige Autobahn“, ärgerte sich damals Lugner. „Was schadet es dem Otto-Wagner-Bau, wenn im 2. Stock ein Steg darüberführt?“ Einen solchen Steg über den ganzen Gürtel gebe es schließlich auch beim neuen AKH. Und auch Planungsstadtrat Hannes Swoboda kündigte an, daß die Wolkenspange trotz der Beiratsentscheidung realisiert werde: „Wir stehen nach wie vor dahinter. Es sind schon manche Projekte, die der Fachbeirat abgelehnt hat, realisiert worden.“

1997 allerdings tauchte dann ein städtisches Konkurrenzprojekt auf: Anstelle der Lugnerschen Wolkenspange könne doch ein Neubau der Wiener Städtischen Zentralbibliothek errichtet werden. Ein Vorhaben, das allerdings deutlich mehr Platz benötigt als der gläserne Freizeittempel. Und auch über die grundsätzlich gewünschte Abendnutzung des Gebäudes mußte man sich im Magistrat erst einmal Gedanken machen.

Anfang 1998 legte sich schließlich der nunmehrige Planungsstadtrat Bernhard Görg fest: „Die Planungen für den Bibliotheksneubau haben vorerst einmal Vorrang.“[19] Was zwar kein endgültiges Nein für das private Lugner-Projekt bedeute, aber zuerst werde nun einmal das Vorhaben Bibliothek untersucht und dazu ein internationaler Architektenwettbewerb ausgeschrieben.

Wien 5/12, Ansicht des Margaretengürtels und des Gaudenzdorfer Gürtels von der Ersten Zentralberufsschule, Linke Wienzeile Nr. 180. Photographie, um 1900

Bausteine der Erneuerung

Der globale Trend in Richtung neoliberaler Laisser-faire-Wirtschaftspolitik wurde in Wien noch verstärkt: durch den Fall des Eisernen Vorhangs und die damit einhergehende Aufwertung Wiens als Unternehmensstandort und Handelsdrehscheibe. Die aus der politischen Steuerung entlassenen Wirtschaftskräfte entfalteten hier eine besondere Eigendynamik – nicht unähnlich der außer Rand und Band geratenen Verkehrsentwicklung am Gürtel. Und der Rückzug der Sozialpolitik droht zum Symptom gesellschaftspolitischer Ohnmacht zu werden.

Wien 5, Eisenbahnerheim auf dem Margaretengürtel Nr. 36. Das Wohnhaus und Kongreßzentrum wurde 1912/13 nach Plänen vom Otto-Wagner-Schüler Hubert Gessner für den Verein der Eisenbahner erbaut. Photographie, 1939

Ein Indikator dafür ist die Entwicklung der Wiener Bodenpreise. So zeigt etwa eine Studie der Wiener Arbeiterkammer vom Februar 1997, daß sich die Grundstückskosten in Wien seit 1987 mehr als verdoppelt haben. Der enorme Preisanstieg zeitigte negative Auswirkungen auf den Handlungsspielraum im sozialen Wohnbau. Laut dieser Studie sind die Belastungen der MieterInnen im geförderten Wohnbau durchschnittlich auf das Doppelte gestiegen. Durch das hohe Preisniveau im dichtverbauten Gebiet wird dort die Errichtung von neuen und erschwinglichen Mietwohnungen verhindert. Junge Familien müssen daher oft in den geförderten Wohnbau am Stadtrand bzw. im Umland von Wien ausweichen. In den typischen Gründerzeitgebieten bleiben wiederum die Alten und die vom sozialen Wohnbau weitgehend ausgeschlossenen MigrantInnen in den privaten Wohnhäusern zurück. Das Preisniveau ist zwar auch in den Stadtrandlagen wesentlich hinaufgegangen, doch nicht so extrem wie in Zentrumsnähe. Und obwohl ein Großteil der geförderten Wohnungen in den vergangenen Jahren an der Peripherie entstand, haben sich auch hier die erforderlichen Eigenmittel der MieterInnen deutlich erhöht. Während in geförderten Wohnungen im Zeitraum von 1987 bis 1989 im Schnitt 1 200 Schilling pro Quadratmeter zu bezahlen waren, mußte Ende der neunziger Jahre mit dem doppelten Betrag gerechnet werden. Die Wohnungen sind daher trotz Wohnbauförderung für die Bevölkerung nicht erschwinglich. Diese Entwicklung führte auch zu einer starken Umverteilung von Einkommen und Vermögen zugunsten einer Minderheit von Grundeigentümern.

Durch diese Bodenpreisentwicklung wird das städtische Kerngebiet und insbesondere das Gürtelumland besonders stark betroffen. Im dichtbesiedelten Stadtgebiet finden sich insgesamt rund 2 200 Baulücken, die widmungsgemäß für mehrstöckige Wohnbauten genützt werden könnten. Am äußeren Westgürtel, im EU-Projektgebiet „Gürtel Plus", wurden Anfang 1997 immerhin 258 Baulücken in privatem Eigentum erhoben. Eine Befragung der jeweiligen BesitzerInnen über deren Nutzungsabsichten ergab, daß bei 153 dieser Liegenschaften keinerlei Bebauungsabsicht gegeben ist, obwohl diese Flächen für Wohnbauprojekte oder eine gemischte Bebauung mit teilweiser gewerblicher Nutzung bestens geeignet wären. Allein in diesen 153 Baulücken könnten schätzungsweise 4 300 Wohnungen errichtet werden. Spekulatives Anlageverhalten und überhöhte Preisforderungen verhindern diese Investitionen.

Wien 16, Lerchenfelder Gürtel Nr. 53.
Hotel „Zum goldenen Fassl".
Photographie, 1951

Der Allgemeinheit erwachsen in mehrfacher Hinsicht Nachteile: Für die neuen sozialen Wohnbauvorhaben am Stadtrand müssen mit beträchtlichen öffentlichen Mitteln erst Infrastrukturinvestitionen getätigt werden, was zu einem verengten Handlungsspielraum der öffentlichen Hand führt. Und in den innerstädtischen Spekulationsgebieten verschärfen sich die sozialen Probleme, die angesichts der eingeschränkten Möglichkeiten der Kommune kaum gelöst werden können. Die AK forderte daher in ihrer Studie die Einführung einer eigenen Flächenwidmungskategorie „Geförderter Wohnbau". Denn wenn der Eigentümer sein Grundstück dann nicht widmungsgemäß nutzt, könnten spekulativ gehaltene Baulücken gegen eine Entschädigung zum Verkehrswert enteignet werden. Ob diese Forderung umgesetzt wird, bleibt abzuwarten.

Einstweilen wird in Einzelfällen weiter gegen den Spekulanten-Terror angekämpft: Anfang 1996 wurde unter Beteiligung mehrerer Magistratsabteilungen eine „Eingreiftruppe" zur Unterstützung bedrohter MieterInnen gegründet. Nach ersten nur mäßig erfolgreichen Aktionen ging die Stadtverwaltung dazu über, Ausweichquartiere für die betroffenen MieterInnen bereitzustellen und in der Folge Maßnahmen in den Spekulationshäusern einzuleiten.

Ende 1997 wurde überdies die Wiener Förderungspolitik umgekrempelt: Der Großteil der Wohnbauförderung soll nun nicht mehr für Neubauten am Stadtrand, sondern in Stadterneuerungsgebieten zum Einsatz kommen. Schon zuvor war das Wiener

Wien 9, Währinger Gürtel.
Autos kämpfen auf der nach einem Wolkenbruch überschwemmten Kreuzung Sechsschimmelgasse mit dem Hochwasser.
Photographie, 1951

Wien 9, Währinger Gürtel.
Versorgungsbusse der US-Armee beliefern Geschäfte in den Stadtbahnbogen.
Photographie, 1954

Förderungsmodell dahingehend geändert worden, daß jene HausbesitzerInnen, die um eine Unterstützung für Objekte in klassischen Sanierungsgebieten – insbesondere in der Gürtelregion – ansuchen, nach einem Punktesystem vorgereiht werden.

Ferner wurde eine Arbeitsgemeinschaft zum Ankauf von Problemhäusern geplant, die in der Umsetzung allerdings zu einer losen Interessengemeinschaft von meist gemeinnützigen Bauvereinigungen wurde, die je nach Projekt ihre Zusammensetzung ändert. Diese Investorengruppen sollen nun eine Liste von mehr als 220 „Problemhäusern" bearbeiten, von denen 150 in Gürtelnähe liegen. Die meist desolaten Häuser sollen von Genossenschaften und Bauträgern aufgekauft und dann ohne Vertreibung der MieterInnen schonend saniert und im Bereich der Dachböden ausgebaut werden. Dazu kommt, daß gemeinnützige Wohnbauträger in der Gürtelregion verstärkt als Service-Anbieter für private Hausbesitzer auftreten wollen: Dabei wird diesen EigentümerInnen die komplette Abwicklung einer Sanierung und danach auch die Verwaltung der Häuser angeboten, die weiterhin in Privatbesitz bleiben.

Ob aber diese privatrechtliche Ankaufspolitik kombiniert mit Goodwill-Aktionen geeignet ist, von den Defensivstrategien der Spekulationsbekämpfung zu einer offensiven Stadterneuerungspolitik überzuleiten, muß angesichts der sich häufenden Schwierigkeiten bezweifelt werden. Ohne einen neuen politischen Gestaltungswillen, der bereit ist, soziale und ökologische Notwendigkeiten auch gegen ökonomische Zwänge durchzusetzen, werden Einzelmaßnahmen nur schwer eine Trendumkehr bewirken können.

Die Gemeinde war Anfang 1998 jedenfalls noch guten Mutes – und feierte den Beginn der Bauarbeiten am sogenannten Langer-Block als Paradebeispiel für Sanierungen in der Gürtelregion. Dabei handelt es sich um ein einstmals berüchtigtes Ausländerquartier in der Rosensteingasse, das im Sommer 1989 behördlich geräumt worden war. Ein Block, an dem sich die gesamte Ohnmacht der Stadt gegenüber diesem Problem offenbart hatte: 146 AusländerInnen hausten in der ehemaligen Fabrik, in Verschlägen, die der Hausbesitzer Helmut Langer „Hobbyräume“ nannte. Die „Miete“ für einen 8 bis 10 Quadratmeter großen Verschlag betrug 1 500 Schilling – plus Betriebskosten, versteht sich. Nach der Räumung konnten nur 21 der 146 Langer-Opfer legal umgesiedelt werden. Der Rest dieser MigrantInnen, meist ohne Aufenthalts- und Beschäftigungsbewilligung, war wenig später verschwunden. Dann geschah acht Jahre lang – nichts. Die Kommune konnte nichts anderes tun, als zuzuwarten, bis die Objekte dieses Blocks freiwillig verkauft wurden: an eine Arbeitsgruppe der Wohnbaugesellschaften Neue Heimat, GEWOG und Österreichisches Siedlungswerk.

Die Pläne für Neubau und Sanierung sahen nun vor – etwa durch die Kombination verschiedenster Wohnungstypen, von Angeboten für AlleinerzieherInnen über solche für Großfamilien bis hin zu „sanft betreuten“ Wohnungen für SeniorInnen –, für eine „soziokulturelle Durchmischung“ zu sorgen, wie Karl Wurm, der Geschäftsführer von GEWOG und Neue Heimat, erläuterte. Der angestrebte Anteil an AusländerInnen: 15 bis 20 Prozent. Für Jugendliche sollte während der Bauarbeiten ein „Lehrbauhof“ eingerichtet werden.

Wien 16, Lerchenfelder Gürtel 55. „Das Weltspiegelkino.“ Photographie, 1944

Allerdings bekannte Wurm bereits hier ein, daß sich das Ansiedeln von erwünschten neuen Wirtschaftsbetrieben äußerst schwierig gestalten und auch ein Erneuerungsprozeß bei Häusern, die näher am Gürtel stehen, nur sehr, sehr mühsam in Gang kommen würde.

Das Jahrhundertprojekt Zentralbahnhof

Warum sollte es den ÖBB und der Gemeinde Wien mit ihren Bahnhofsplänen anders ergehen als etwa der Gürtelkommission mit ihren Großprojekten? Jahrelange Planungen für einen

Wien 16, Lerchenfelder Gürtel 51. „Gasthaus zum goldenen Pelikan“, Photographie, 1905

Wien 4, Wiedner Gürtel 68. Schulhaus des Wiener Frauen-Erwerb-Vereins, heute Bundesgymnasium. Photographie, um 1900

Wien 5, Margaretengürtel 90–98. Die städtische Wohnhausanlage Metzleinstaler Hof wurde in den Jahren 1923/24 nach Plänen von Hubert Gessner errichtet. Photographie, um 1930

„Zentralbahnhof" im Bereich Südtiroler Platz blieben letztlich ohne Chance auf Realisierung. Oder, wie es der stellvertretende ÖBB-Generaldirektor Helmut Hainitz im Dezember 1997 formulierte: „Ich weiß nicht, welches Jubiläum der wievielten Lösung wir jetzt feiern. Langsam sollte man wissen, was man will." Höchstens eine Redimensionierung hätte noch Chancen. Also forderte Hainitz „eine vorerst bescheidenere Maßnahme, die rasch umsetzbar ist".[20]

Die letzte dieser großdimensionierten Planungen war im Jänner 1996 in einer Ausstellung präsentiert worden. Für das „Jahrhundertprojekt" des Zürcher Architekten Theo Hotz war eine Bauzeit von 20 Jahren – gegliedert in drei Bauabschnitte – vorgesehen. In der ersten Phase sollte ein Nahverkehrsbahnhof errichtet werden – ein Umsteigeknoten in der Nähe des Südtiroler Platzes und damit in unmittelbarer Nähe zur U-Bahnlinie U1. Gelernte WienerInnen verbieten sich die Frage, warum nicht schon beim Bau der U1 auf die Lage des Südbahnhofes Bedacht genommen wurde! Schließlich fährt auch die U4 am Franz-Josephs-Bahnhof vorbei. Und beim Umbau von der Stadtbahn zur U6 wurde die neue Station unter dem Europaplatz vom Westbahnhof weggerückt.

In der Folge war für die zweite und dritte Ausbaustufe eine völlige Umgestaltung des Stadtviertels hinter dem Bahnhof bei der Sonnwendgasse, eine Verbauung des heutigen Bahnhofsvorplatzes am Gürtel und die Errichtung eines neuen Stadtteiles in Favoriten vorgesehen. Pläne, deren Umsetzung aber inzwischen als äußerst unwahrscheinlich gehandelt wird. Aus Sicht der Stadtentwicklung wäre eine bessere Anbindung des 10. Bezirkes im Bereich des Gürtels, eine Überwindung der gerade am Südgürtel noch immer wirksamen Barriere des alten Linienwalls also, höchst wünschenswert.

Ohne Gefährdung der „grünen Lungen" im Schweizer Garten und im Arsenal könnte im Bereich des Südbahnhofes eine bessere Verbindung zwischen Favoriten und Wieden geschaffen werden.

Wien 4, Wiedner Gürtel 2.
Café Belvedere am Ende der Prinz-Eugen-Straße. Photographie, um 1900

Daß der 10. Bezirk heute als Stadt in der Stadt gilt, liegt hauptsächlich an der Wirkung der hochrangigen Verkehrsinfrastruktur: Ein Bollwerk, das vor allem für FußgängerInnen und RadfahrerInnen nahezu unüberwindlich ist.

Im Jänner 1998 präsentierten die ÖBB schließlich ihre Pläne für eine „Bahnhofsoffensive". Bei der Südbahn soll zumindest das Nahverkehrsgeschoß mit neuen Geschäften bis 2010 realisiert werden. Auch für den Europaplatz vor dem Westbahnhof ist ein ähnliches Projekt vorgesehen: Eine mögliche Verbauung für Geschäfte, Freizeiteinrichtungen und Büros soll als Brückenschlag von der inneren zur äußeren Mariahilfer Straße fungieren und wird als eine Initialzündung für eine Randverbauung und eine teilweise Überplattung des Bahnhofsareals gehandelt.

Ein spektakulärer Pfeiler für einen derartigen städtebaulichen Brückenschlag über den Gürtel wartet allerdings schon die längste Zeit auf seine Verwirklichung: der von COOP-Himmelblau entworfene transparente Turm für das „Mariahilfer Platzl" gegenüber dem Europaplatz. Ganz oben sollte in diesem Turm ein Café eingerichtet werden. Und für den zweiten, „liegenden" Teil dieses Turmes waren Geschäfte vorgesehen. Seit Jahren wird allerdings immer nur in regelmäßigen Abständen die baldige Realisierung dieses Vorhabens versprochen. Wien war für COOP-Himmelblau bisher kein guter Boden.

Bewegung im Mikrokosmos

Aber nicht nur öffentliche und private Großprojekte verändern das Soziotop Gürtel. Auch kleinere Akzente bringen nach und nach Bewegung in die Außenränder dieses Straßenzuges. Während sich das altehrwürdige Café „Westend" am Europaplatz nach wie vor hält, hat sich ein anderes am Döblinger Gürtel deutlich verändert: Aus dem etwas verstaubten Kaffeehaus „Grillparzer" wurde der coole, gestylte Szenetreff „Blaustern". Aber auch Gesundheits- und Betreuungseinrichtungen, die am Gürtel als urbaner Schnittstelle immer schon Tradition hatten, paßten sich neuen Herausforderungen an: Das Haus des Blindenverbandes am Mariahilfer Gürtel 4 wurde 1997 um 56 Millionen Schilling vollkommen umgebaut und im November als „Aids-Hilfe-Haus“ wiedereröffnet. Hier konnte die Aids-Hilfe nun endlich ihre über die gesamte Stadt verteilten Hilfsangebote – von der Beratung mit kostenlosem HIV-Test über die medizinische und psychische Betreuung von Betroffenen und die Kinder-Aids-Hilfe bis zum Präventions- und Schulungszentrum – an einer zentralen Anlaufstelle konzentrieren.

Unruhe im Makrokosmos der Stadtplanung

Erste Schritte sind getan – aber vielleicht bedarf es noch eines intensiveren Dialogs über Stadtplanung und Stadtentwicklung, um am Ende des 20. Jahrhunderts eine ähnlich große Leistung hervorzubringen wie vor 100 Jahren, als die Gürtelstraße geschaffen wurde. Das Interesse international renommierter ArchitektInnen und StadtplanerInnen ist jedenfalls vorhanden. Bereits im Sommer 1996 widmete sich das 7. Wiener Architekturseminar der Zukunft der Gürtelstraße und ihres Umlandes. Weltweit anerkannte Architekten erarbeiteten, jeweils mit Gruppen von StudentInnen, Vorschläge für diesen Stadtraum: Adolf Krischanitz aus Wien, Richard Plunz aus New York, Willem Ian Neutelings aus Rotterdam, Carlos Gomez de Llarena aus Caracas, Max Dudler aus Berlin. Am 7. September 1996 wurden die Ergebnisse der fünf Teams bei einer Podiumsdiskussion im Museumsquartier präsentiert und von Marcel Meili aus Zürich bewertet. Eine „Kommission der Ideen“ nannte Meili diese so verschiedenartigen Arbeiten. Und trotz aller Unterschiedlichkeit sind deutliche Gemeinsamkeiten erkennbar: Alle SeminarteilnehmerInnen strebten eine Verdichtung des Stadtkörpers und eine multifunktionale Nutzung des Gürtels an, verbunden mit entsprechenden Investitionsanreizen. Zweitens gehen die verschiedenen Teams von einer Strategie der sanften Einflußnahme auf den Verkehr aus, etwa durch Verringerung der Fahrspuren oder Tempolimits.

1924 wurde im Zuge der Verbauung des Draschegürtels die Wohnhausanlage Reumannhof nach Plänen von Hubert Gessner errichtet, heute: Wien 5, Margaretengürtel 100–110. Photographie, um 1930

Gesamtansicht der städtischen Wohnhausanlage Theodor-Körner-Hof. Das 20stöckige Hochhaus wurde 1954 nach Plänen von Ladislaus Hruska und Kurt Schlauß errichtet. Photographie, um 1959

Und schließlich erteilten sie den verkehrslastigen Großinvestitionen wie Tunnellösungen oder Einhausungen eine Absage. Zuletzt wird einhellig die Bedeutung der Querdurchlässigkeit des Gürtels und seine Vernetzung mit dem Hinterland betont.

Keine Übereinstimmung bestand in der Frage, ob der Gürtel als Einheit zu betrachten und dementsprechend zu entwickeln sei. Aber auch über Ursache und Wirkung der ökonomischen Veränderungen und über entsprechende politische Gestaltungsmöglichkeiten gab es unterschiedliche Meinungen.

Max Dudler und Carlos Gomez de Llarena knüpften stärker an die städtebauliche Tradition des 19. Jahrhunderts an und gingen von der politischen Umsetzbarkeit architektonischer Gestaltungsideen aus. Krischanitz, Plunz und Neutelings hingegen betonten – mit sehr unterschiedlicher Gewichtung – die verschiedenen sozialen Funktionen, die vorrangige Bedeutung sozioökonomischer Prozesse und das Kräftemessen oft gegensätzlicher städtischer Interessen. Dabei scheint die jeweilige Herkunft der Städteplaner eine Rolle zu spielen: Während in Südamerika Stadtplanung am Reißbrett Tradition hat und in Berlin nach dem Fall der Mauer gewaltige Bauprojekte im ehemaligen Niemandsland vorangetrieben werden, stellt sich die Wirklichkeit der Stadtplanung in New York, in den Niederlanden und offenbar auch in Wien vollkommen anders dar.

Um so bemerkenswerter ist es, daß die Vertreter aus New York und Berlin in ihrer Einschätzung des Gürtels übereinstimmen: Grundsätzlich sei die Gürtelgegend weitgehend in Ordnung, ein historisch gewachsenes „Soziotop“, in das nur vorsichtig eingegriffen werden dürfe. Vor allem der New Yorker Plunz baut seine Vorschläge auf einer akribischen historischen Bestandsaufnahme auf und folgt damit der Tradition von Frank Lloyd Wright. Am vehementesten wird dem Standpunkt des Venezulaners Gomez widersprochen, der von der Einheitlichkeit des Gürtels ausgeht.

Valie Export, Kunstmeile Gürtel

Vito Acconci, Kunstmeile Gürtel

Die zentralen Thesen des Rotterdamers Neutelings gehen von der Frage der politischen Umsetzbarkeit städtebaulicher Gestaltungsideen aus. Die vorhandenen Kräfte einer Stadtregion – Ökonomie, Verkehr, soziale Funktionen und ökologische Zielsetzungen – treten teilweise in Konkurrenz zueinander, teilweise verschmelzen sie osmotisch. Städtebauliche Investitionsprojekte begegnen vorhandenen Strukturen und treten zu ihnen in Beziehung. Sie wirken wie „kleine Höllenmaschinen" im gewachsenen Gefüge, und die Summe ihrer Wirkungen kann höchstens vage erahnt, nicht aber exakt kalkuliert werden.

Auch Adolf Krischanitz unterstreicht die Dominanz der ökonomischen Kräfte. Die uneinheitliche Vergangenheit der verschiedenen Gürtelzonen wirke wie ein „Genius loci", urbane Gestaltung vollziehe sich in Einzelprojekten, die ihrerseits in die Umgebung ausstrahlen. Krischanitz, Plunz und Neutelings bauen allerdings gleichermaßen auf der historischen Entwicklung auf, akzeptieren die überragende Bedeutung des ökonomischen Kräftespiels und sozialer Strömungen. Gestaltungsideen von politischer Seite sind als ein Faktor im Wettbewerb um die Nutzung von Räumen zu sehen. Sie haben dann eine Chance überregionaler Gestaltung, wenn sie von vornherein wirtschaftliche und soziale Kräfte als Verhandlungspartner einbeziehen. Stadtplanung und -entwicklung werden somit zu einem permanenten Verhandlungs- und Interaktionsprozeß, der auf Basis der Tradition die vorhandenen Potentiale für neue Gestaltungsideen nutzbar macht.

Es sieht so aus, als käme die Besonderheit Wiens in den Ansätzen von Plunz und Krischanitz am besten zum Ausdruck: Dieses Wechselspiel zwischen der Metropole, deren Ausstrahlung weit über Stadt- und Landesgrenzen hinausreicht, und die im Gegenzug wieder die unterschiedlichsten Einflüsse magnetisch anzieht einerseits und andererseits der Festung Wien, dem Bollwerk gegen Bedrohungen. Großprojekte und auch kleinere Vorhaben stoßen in der Stadt immer auf Beharrungstendenzen und kontrollierende Kräfte. Als letztere wirken nicht nur die Bauvorschriften und allgemeine Normen, sondern gerade heute verstärkt Bürgerinitiativen, Bezirksparlamente und Organisationen der lokalen und regionalen Wirtschaft. ProjektwerberInnen müssen überzeugen, Kontrollkräfte einbinden und sich auf Verhandlungsprozesse einlassen. Angesichts starker Beharrungstendenzen und weitverbreiteter Resignation in der Bevölkerung, die an zügig umgesetzte Verbesserungen vielfach nicht mehr glauben kann, ist die Stadtplanung in Wien sicher gut beraten, private Initiativen, wenn möglich, zu unterstützen und zu fördern, nicht aber zu bremsen.

Im April 1998 widmete eine Gruppe von ArchitekturstudentInnen die Nullnummer ihrer neuen Architektur-Zeitung „Peiler" dem Gürtel und den Ergebnissen des Fachseminars. Die JungPlanerInnen gehen noch weiter: Für sie wird der Gürtel zum 24. Wiener Gemeindebezirk mit modernem „Medienbad" und unkonventionellen „Membran-Arbeitsplätzen" für das Rotlichtmilieu. Ideen in Hülle und Fülle!

Die Trans-formation

Magdalena Jetelova, Kunstmeile Gürtel

Langsam kommt wieder Leben in den von Automobilen besetzten und „niedergewalzten“ Gürtel. Oft sind es die kleinen, die privaten, aber phantasievollen und beherzten Impulse, die gegen die schleichende Resignation der GürtelbewohnerInnen ankämpfen. Wie etwa die kreativen Vorstöße der Kulturinitiative „trans wien“, die seit dem Frühjahr 1997 da und dort in das Gürtelgeschehen eingreift. Künstlerische Auseinandersetzungen mit dem Thema Gürtel, Installationen an der Stadtbahnarchitektur und im Bereich der Grünstreifen, Aktionen und Performances, wo sie niemand erwartet hätte. Etwa ein Picknick im Grünen – zwischen den Gürtelfahrbahnen. Oder Klanginstallationen bei der U 6-Station Josefstädter Straße. Völlig neue Feste und Aufführungen in Lokalen am Gürtel – im Café Carina beispielsweise. Einmal erschien sogar eine Kamel-Skulptur als „Gürteltier“ am Straßenrand und „wanderte“ schließlich weiter ins Carina.

Den öffentlichen Stellen und Behörden scheint dieses unkonventionelle Treiben am Gürtel jedenfalls noch reichlich fremd zu sein – ein vor dem Stationsgebäude Alser Straße als Objekt gestalteter Oldtimer hat trotz aller Genehmigungen immer wieder Strafmandate erhalten. Die Menschen am Gürtel hingegen scheinen diese Veränderungen gerne anzunehmen. Nach kurzer anfänglicher Skepsis haben die Eingesessenen die jungen AktionistInnen von „trans wien“ herzlich aufgenommen, die nun als Bindeglied der unterschiedlichsten sozialen Schichten fungieren. Von den Obdachlosen bis hin zur jungen Kunst- und Kulturszene. Diese Durchmischung findet am anschaulichsten im Stationslokal Carina statt – dort trifft sich die zum „Gürteltier“ gewordene Initiative „trans wien“ nun regelmäßig, ohne das immer noch ansässige Stammpublikum zu vertreiben. Events werden veranstaltet und die neuesten Gürtelprojekte ausgestellt. So bewirkte dieses Kulturprojekt, daß sich – hoffentlich nicht nur für wenige Momente – das Publikum in einigen Gürtellokalen veränderte, vermischte und ohne Ausgrenzung erneuerte. Und alle diejenigen, die bei solchen Anlässen miterlebt haben, wie schnell und leicht manchmal alte Grenzen überwunden werden können, zweifeln nicht mehr an der Zukunft des Gürtels.

Anmerkungen

1 Hans Bobek, Elisabeth Lichtenberger: Wien. Bauliche Gestaltung und Entwicklung
2 Zit. Nach Wolfgang Mayer: Der Linienwall, Seite 4
3 Ebd., Seite 5
4 Vgl. Bertrand Michael Buchmann: Der Wiener Linienwall, Seite 124ff.
5 Zit. nach Buchmann, Seite 176
6 Ebd., Seite 178
7 RGBl 78
8 Wochenpresse Nr. 12, 24.3.1988, Seite 34f.
9 „Ist der Gürtel noch zu retten?" in: Die Presse Teil I – VIII, 16.4. bis 29.4.1993
10 22.4.1993
11 Benedikt Kommenda: „Im Ghetto der Gründerzeitviertel am Gürtel", in: Die Presse, Wien-Journal vom 23.5.1995, Seite 9
12 Beppo Beyerl, „5 Stationen auf dem Gürtel. Eine Wanderung durch Raum und Zeit", 14.1.1994
13 Falter Nr. 22, 1995, Seite 13
14 Anton Bina, in: Kurier vom 4.6.1995, Seite 9
15 Klaus Ronneberger: Mythen der Globalisierung und Regionalisierung, in: Europaforum Wien, Weltstädte und Stadtwelten. Materialien. Wien 1995
16 Anm. d. Verf.: Die Entwicklung hochspezialisierter High-Tech-Zentren in der Stadt
17 step 1994
18 Eva Linsinger, Roman Freihsl „Nach dem Gürtel – Urban 2", in: Der Standard; 14.3.1998, Seite 10
19 Roman Freihsl „Bücher statt Wolkenspange", in: Der Standard; 6.2.1998, Seite 7
20 Roman Freihsl „ÖBB: 49 Milliarden für den Nahverkehr in Ostösterreich", in: Der Standard; 24.12.1997; Seite 8

Quellenverzeichnis

Für die Arbeit an diesem Buch wurden seit 1950 kursorisch und seit 1987 regelmäßig alle österreichischen Tageszeitungen gesichtet. Die Autorin bittet um Verständnis, wenn aus Platzgründen die Tageszeitungsartikel, die sich mit dem Thema befaßten, nicht einzeln im Quellenverzeichnis angeführt werden konnten.

O.V.: Gürtel – meistbefahrene Straße Österreichs, in: Rathauskorrespondenz, 22.6.1981, Blatt 1570

O.V.: Gürtel schlägt Brenner 5:1, in: Wien aktuell, 21.1.1982

O.V.: Wie Prinz Eugen einst den Gürtel schuf, in: Bezirksjournal Nr. 8/1986

O.V.: Gürtelkommission hat ihre Arbeit abgeschlossen, in: Rathauskorrespondenz, 19.2.1988, Blätter 299f.

O.V.: Es ist doch keine Utopie: Die Gürtel-Tunnel kommen!, in: Das Wiener Blatt, Nr. 1/1988, Meidlinger Bezirksbote

O.V.: Eine Vision wird bald Realität. Gürtelumbau: Weltweit einmalige städtebauliche Initiative, in: Das Wiener Blatt Nr. 2/1988

O.V.: Gürtel: Umwelttunnel wird 1990 begonnen, in: Das Wiener Blatt Nr. 1, März 1988, Forum 5, Aktuelles aus Margareten

O.V.: Information über Margaretentunnel - Gaudenzdorfer Knoten, in: Rathauskorrespondenz, 24.3.1988, Blatt 545

O.V.: Lebensqualität am Gürtel, in: VOR-Magazin Nr. 4/1988, Seite 4

O.V.: Gürtel-Ausstellung in der Wiener Stadthalle, in: Rathauskorrespondenz, 5.5.1988, Blätter 853f.

O.V.: Bundesstraßen AG präsentierte kürzlich Planungen für zukünftigen Gürteltunnel, in: Bezirksjournal Nr. 2/1989, Seite 2

André Igler: Ein Tunnel muß sein. Nach drei Jahren Planung um 80 Millionen Schilling gibt es zwar Konzepte für die Neugestaltung des Wiener Gürtels, aber keine Lösung der Probleme, in: Wochenpresse, 24.3.1989, Seite 34f.

Gerhard Hofer, Isabelle Wallnöfer: Die Hoffnungen der Bezirksvorsteher – Ein Gürtel-Wunschkonzert. Wie die „Kaiser von Margareten, Mariahilf, Rudolfsheim-Fünfhaus und Ottakring das Problem sehen, in: Die Presse, 22.4.1993 (Presse-Serie: Ist der Wiener Gürtel noch zu retten? Teil IV)

Gerhard Hofer, Isabella Wallnöfer: Die Visionen der Bezirkschefs – Ein Kampf gegen Windmühlen. Die Gürtelmisere aus der Sicht der Vorsteher von Wieden, Neubau, Josefstadt, Alsergrund, Hernals und Währing, in: Die Presse, 23.4.1993, Seite 13 (Presse-Serie: Ist der Wiener Gürtel noch zu retten? Teil V)

Martin Staudinger: „Offene Wunde" Gürtel, in: Falter Nr. 22/1995, Seite 13

O.V.: Euro-Projekt Gürtel Plus. Ein Programm gegen drohende Verslumung, in: Rathauskorrespondenz aktuell, 29.5.1995, Blätter 1269f.

Rathauskorrespondenz-Wien: Görg: Projekt „Stadtbahnbogen„ wird nicht am Geldmangel scheitern, APA, OTS 125 vom 2.5.1997

Rathauskorrespondenz-Wien: Görg und Benke eröffnen Ausstellung: „EU Westgürtel Projekte", APA, OTS 065 vom 26.5.1997

Arbeitsgemeinschaft des Mariahilfer Heimatmuseums (Hrsg.):
Mariahilf, Wien 1963

Architektur Zentrum Wien (Hrsg.):
7. Wiener Architekturseminar. Präsentationstexte, Wien 1996

René Berger: Chance Integration, in:
Europaforum Wien (Hrsg.):
Heft 2/3, Wien 1997, Seite 18f.

Friedrich Bischoff, Edler von Klammstein:
Die Wiener Stadtbahn, Wien 1897

Hans Bobek, Elisabeth Lichtenberger:
Wien. Bauliche Gestalt und Entwicklung seit der Mitte des 19. Jahrhunderts, Wien/Köln 1978

Bertrand Michael Buchmann:
Der Wiener Linienwall. Geschichte und Bedeutung. Dissertation, Wien 1974

Peter Brodesser: Integration in Wien, in:
Europaforum Wien/Stadt Wien/Wiener Integrationsfonds (Hrsg.):
Integration in europäischen Städten. Internationale Fachtagung. Thesenpapiere, Wien 1997, Seite 25f.

Bundesministerium für Unterricht und Kulturelle Angelegenheiten (Hrsg.):
Kulturbericht 1995, Wien 1996

J.C. Burton, J. Fogerty:
Plan der Wiener Gürtelbahn mit den neuen Veränderungen und Einteilungen in Sectionen, Wien 1884

Dokumentationsarchiv des Österreichischen Widerstandes (Hrsg.):
Gedenken und Mahnen in Wien 1934–1945, Wien 1998

Herbert Exenberger und Helge Zoitl:
Februar 1934 in Wien, Wien 1984

Horst Christoph:
Die Gürtelschnalle. Von Karl Lueger zu Richard Lugner: Im heftig entbrannten Wiener Wahlkampf wird eine Wende am Westgürtel versprochen, in: Profil Nr. 34 vom 19. August 1996, Wien 1996, Seite 65f.

Felix Czeike:
Liberale, christlichsoziale und sozialdemokratische Kommunalpolitik 1861–1934. Dargestellt am Beispiel der Gemeinde Wien, Wien 1962

Verein ECHO zur Unterstützung Jugendlicher (Hrsg.):
Die „ECHOthek". Ein Pilotprojekt am Gürtel für Jugendliche der 2. und 3. Generation, in: ECHO 17–18, Wien, Sommer 1997, Seite 32f.

ECHO Werbeagentur GesmbH (Hrsg.):
100 Jahre „Elektrische". Erfolgsstory eines großen Unternehmens, in: VOR-Magazin Nr. 3, Wien, März 1997

Peter Eigner:
Mechanismen urbaner Expansion am Beispiel der Wiener Stadtentwicklung 1740–1934, Diplomarbeit, Wien 1988

Europaforum Wien (Hrsg.):
Urban-Projekte. Dokumentation Band 4 (Stand Dezember 1996), Wien 1997

Europaforum Wien (Hrsg.):
Ein urbaner Stempel für Berlin, Heft 4/5, Wien 1996, Seite 19f.

Europaforum Wien (Hrsg.):
Dilemma Verkehr. Ouverture zu neuer Politik, Heft 4/5, Wien 1996, Seite 15f.

Elfriede Faber:
Neubau. Geschichte des 7. Wiener Gemeindebezirks und seiner alten Orte, Wien 1995

Eugen Fassbender:
Erläuterung zum Entwurfe eines General-Regulirungsplanes über das gesammte Gemeindegebiet von Wien, Wien 1893

Eugen Fassbender:
Ein Volksring für Wien, Wien 1893

Reinhard Fleckl:
Wiener Tramway: Elektrisches Centenarium, in: Verkehr und Umwelt. Internationales Magazin für Verkehrspolitik, Heft April/Mai 1997, Wien 1997, Seite 18f.

Josef Fogerty:
Wiener Gürtel-Eisenbahn mit Verbindungs-Linien. Vorproject, Wien 1881

Eva Gaßner:
Wohnen in Wien – und anderswo, in Perspektiven. der aufbau. (Hrsg. Compress Verlagsges.m.b.H.), Heft 8/9 1996, Wien 1996, Seite 61f.

Theodor Geiger:
Die Lösung der Wiener Stadtbahn – und Wienflußfrage und die Wiederbelebung unserer wirtschaftlichen Zustände, Wien 1874

Heinrich Goldemund:
Die bauliche Entwicklung und Stadtregulierung von Wien, Leipzig 1902

Grüne Anfrage betreffend Stadtbahnbogen:
GZ GR 1/97 zu PrZ 97/0137/GF, vom 15. April 1997

Irene Hanappi:
Neue Urbanität am Gürtel. Zukünftig mehr als nur Verkehrsader oder Slum, in: Europaforum Wien (Hrsg.), Zeitschrift für Städtedialog, Heft 1/2, Wien 1996, Seite 10f.

Wilhelm Hecke:
Die neueste Stadterweiterung in Wien, in: Das österreichische Verwaltungsarchiv, Band 5 und 6, Wien 1905, 1906

Gerhard Hofer:
Mit einem Schallmeßgerät mitten im Verkehr, in: Die Presse vom 29. April 1993, Seite 16 (Presse-Serie: Ist der Wiener Gürtel noch zu retten? Teil VIII)

Alfred Horn:
75 Jahre Wiener Stadtbahn. Zwischen 30er Bock und Silberpfeil, Wien 1974

Peter Jawecki:
Planung für den Bereich Gürtel, Süd- und Westeinfahrt in Wien, erste Bewährungsprobe der Projektorganisation, in: Wettbewerbe 47/48, Wien 1988, Seite 58f.

Peter Jawecki:
Planung für den Bereich Gürtel, Süd- und Westeinfahrt. Was wurde bisher erreicht?, in: der aufbau 7/8 aus 1985, Seite 433f.

Maria Kinz:
Raimund-Theater, Wien 1985

Adalbert Klaar:
Die Umwandlung des Wiener Stadtbildes, in: Jahrbuch des Vereines für Geschichte, Band 12, Wien 1955/56, Seite 182f.

Michael Klieba:
Wiens 5. Gemeindebezirk Margareten, Wien, Leipzig 1922

Arnold Klotz:
Die Parkraumbewirtschaftung in Wien, in: Perspektiven. der aufbau, Heft 7/1997 (Kooperatives Parkraummanagement), Wien 1997, Seite 29f.

Arnold Klotz, Harald Semala:
Beteiligung der Stadt Wien an vergleichenden Studien –„Verkehr in Städten", in: Perspektiven. der aufbau (Hrsg. Compress Verlagsges.m.b.H.), Heft 8/9/1996, Wien 1996, Seite 28f.

Christine Klusacek, Kurt Stimmer:
Erdberg. Dorf in der Stadt, Wien 1992

Christine Klusacek, Kurt Stimmer:
Döbling. Vom Gürtel zu den Weinbergen, Wien 1992

Christine Klusacek, Kurt Stimmer:
Währing. Vom Ganserlberg zum Schafberg, Wien 1992

Christine Klusacek, Kurt Stimmer:
Ottakring. Vom Brunnenmarkt zum Liebhartstal, Wien 1983

Christine Klusacek, Kurt Stimmer:
Rudolfsheim Fünfhaus, Wien 1978

Christine Klusacek, Kurt Stimmer:
Meidling. Vom Wienfluß zum Wienerberg, Wien 1996

Christine Klusacek, Kurt Stimmer:
Josefstadt. Beiseln. Bühnen. Beamte, Wien 1991

Wilfried Konnert:
Landstraße, Wien 1980

Robert Krapfenbauer, Rudolf Thron, Kurt Dieman:
Unser Gürtel. morgen. heute. gestern, Wien 1994

Helmut Kretschmer:
Dr. Julius Newald, Bürgermeister von Wien, Wien 1971

Magistrat der Stadt Wien, Magistratsabteilung 18 (Hrsg.):
Baulückenkataster für das dichtbebaute Wiener Stadtgebiet, Wien 1996

Magistrat der Stadt Wien. MA 33:
Öffentliche Beleuchtung, Schreiben vom 24. Februar 1997

MA 42 – Stadtgartenamt:
Gürtelbäume, Liste vom 24.7.1997

Josef Matousek:
Stadterhaltung in Wien – der Vergleich mit ausländischen Modellen, in: Perspektiven. der aufbau. (Hrsg. Compress Verlags-ges.m.b.H.), Heft 8/9/1996, Wien 1996, Seite 55f.

Maria Mayer:
Die Bürgermeisterwahlen im Spiegel der öffentlichen Meinung, Dissertation Wien 1970

Wolfgang Mayer:
Der Linienwall. Von der Befestigungsanlage zum Gürtel. Wiener Geschichtsblätter – Beiheft 2/1986, Wien 1986

Wolfgang Mayer:
Gebietsänderungen im Raume Wien 1850–1910, Dissertation Wien 1970

Theophil Melicher:
Die städtebauliche Entwicklung im Bereich der ehemaligen Befestigungsanlagen, gezeigt an den 6 größten Städten Österreichs, Dissertation, Wien 1965

Martin Mulder:
Einstürzende Neubauten, in: Europaforum Wien (Hrsg.), Heft 6, Wien 1996, Seite 10f.

Melitta Nemetz:
Die Bürgermeister Wiens und die städtischen Einrichtungen in der 2. Hälfte des 19. Jahrhunderts, Dissertation, Wien 1948

Irene Neuwirth:
Dr. Cajetan Felder, Bürgermeister von Wien, Wien 1942

J. Donald Olsen:
Die Stadt als Kunstwerk. London, Paris, Wien im Vergleich, Frankfurt am Main 1988

Ferdinand Opll:
Alte Grenzen im Wiener Raum, Wien 1986

Wilhelm von Prangen, Wilhelm von Flattich:
Studie über die Wiener Stadtbahnen mit Beziehung auf die Entwicklung der Stadt, Wien 1883

Walter Prigge:
Stadtkultur im Umbruch, in: Europaforum Wien (Hrsg.), „Weltstädte" und „Stadtwelten", Materialien 5. Dokumentation zum Fachseminar, Wien 1995, Seite 15f.

Klaus Ronneberger:
Mythen der Globalisierung und Regionalisierung, in: Europaforum Wien, „Weltstädte" und „Stadtwelten", Materialien 5. Dokumentation zum Fachseminar, Wien 1995, Seite 4f.

Österreichische Gesellschaft für Raumforschung und Raumplanung (Hrsg.):
Sonderheft: Camillo Sitte, Berichte zur Raumforschung und Raumplanung, Heft 3 bis 5, 33. Jahrgang, Wien 1989

Friedrich Schmid:
Historische Entwicklung und bisherige Planungen für die Wiener Gürtelstraße, in: der aufbau 7/8 aus 1985, Seite 387f.

Werner Schubert:
Favoriten, Wien 1992

Helfried Seemann, Christian Lunzer (Hrsg.):
Wieden 1860–1890, Wien 1994

Rolf Simlinger:
Wiens Wachstum seit dem Niederreißen der Festungsmauern 1858–1914, Dissertation Wien 1965

Dimitriou Sokratis:
Großstädte Wien – Städtebau der Jahrhundertwende, in: der aufbau. Fachschrift für Planen, Bauen und Wohnen (Hrsg. Stadtbauamt für Wien), 19. Jahrgang, Jänner bis Dezember 1964, Wien 1964, Seite 188f.

Rudolf Spitzer:
Hernals. Zwischen Gürtel und Hameau, Wien 1991

Stadtplanung Wien, Magistratsabteilung 18 (Hrsg.):
Bericht zur Erfolgskontrolle des Wiener Verkehrskonzeptes. step-Bericht 1996, Wien 1996

Stadtplanung Wien (Hrsg.):
Otto Wagner. Architekt und Planer, Materialien zur Ausstellung in der Wiener Planungswerkstatt, Wiss. Gestaltung: Dr. Wolfgang Mayer (MA 8), Wien 1995

Wiener Stadtwerke (Hrsg.):
Wiener Stadtwerke 1946–1996, in: „24 Stunden für Wien" – Aktuelle Informationen über Energie und öffentlichen Verkehr, Wien 1996

Stadt Wien – Geschäftsgruppe für Stadtentwicklung, Stadtplanung und Außenbeziehungen der Stadt Wien (Hrsg.):
Arbeitsmarkt in Wien 1950–1995, Statistische Mitteilungen 3/96, Wien 1996

Stadt Wien:
Wiener Wohnen, Gemeindebauten am Gürtel, Fax vom 10. Juli 1997

Martha Steffal:
Die Tätigkeit des Wiener Gemeinderates von 1889–1892, Dissertation, Wien 1974

Hannes Swoboda, Arnold Klotz, Lothar Fischmann (Hrsg.):
Wien erfahren. Experiencing Vienna, Wien 1996

Urban Büro (Hrsg.):
Urban Wien, Bericht über das Jahr 1996, Wien 1996

Verein für Geschichte der Stadt Wien (Hrsg.):
Die städtebauliche Entwicklung Wiens bis 1945, Wien 1979

Isabella Wallnöfer, Gerhard Hofer:
Wie „lebt" sich's in einer Lärm- und Abgashölle? Bis zu 100.000 Autos pro Tag: Acht von zehn Anrainern sehen den Verkehr als größtes Problem an, in: Die Presse, vom 16. April 1993, (Presse-Serie: Ist der Wiener Gürtel noch zu retten? Teil I)

Eduard Wertheimer:
Wiener Stadt-Eisenbahn. Project der Wiener Bau-Gesellschaft und des Wiener Bankvereines, Wien 1881

Eduard Wertheimer:
Stadtbahn oder Gürtelbahn, Wien 1881

Wien-Kanal:
Wiener Kanalchronik, Schreiben vom 5. Mai 1997

Alfred Wolf:
Alsergrund. Bezirk der Dichter und Denker, Wien 1993

Fritz C. Wulz:
Stadt in Veränderung. Eine architekturpolitische Studie von Wien in den Jahren 1848 bis 1934. Band 1: Wien zwischen 1848 und 1918, Wien 1976

Lebendiger Gürtel

Wohnen und Arbeiten längs der Gürtelstraße

Der Linienwall hat die Wienerstadt buchstäblich wie ein Gürtel umfaßt und zusammengehalten. In der vom EU-Urban-Projekt „Gürtel Plus“ geförderten Zone am Westgürtel leben etwa 130 000 Menschen, zirka ein Drittel davon sind AusländerInnen. Von den knapp 70 000 EinwohnerInnen im erwerbsfähigen Alter gehören ein Drittel einkommensschwachen Berufsgruppen (angelernte ArbeiterInnen, HilfsarbeiterInnen) an.

Zwischen 1971 und 1991 sank der Anteil älterer Menschen in den gründerzeitlichen Problemgebieten Wiens von 33 Prozent auf 21 Prozent. Im gleichen Zeitraum stieg der Anteil der 15- bis 45jährigen von 36 Prozent auf 48 Prozent, also knapp die Hälfte der Wohnbevölkerung. Diese Veränderungen ergaben sich durch Migration in Verbindung mit den Auswirkungen der Wohnungs- und AusländerInnenpolitik. Die Folgen waren einerseits Konzentration von Problemen, Bodenspekulationen, desolate Wohnverhältnisse und Integrationsschwierigkeiten. Andererseits entstand aber auch jener bunte und lebendige Lebensraum wie der Brunnenmarkt und seine Umgebung.

Am Südgürtel dominiert der soziale Wohnbau: etwa 5 000 Gemeindewohnungen gibt es im Umland der Gürtelstraße, mehr als vier Fünftel davon am Südgürtel, viele in den imposanten Pionierprojekten des sozialen Wohnbaus der Zwischenkriegszeit. Menschen wohnen am Gürtel, Menschen arbeiten am Gürtel, über 50 000 in der Urban-Zone. Seit 1965 gingen in der Gürtelgegend – regional unterschiedlich – 10 Prozent bis 30 Prozent der vorhandenen Jobs verloren. Heute stehen zahlreiche Geschäftslokale leer, andere Betriebe aber kämpfen mit Platznot. Rund um die Uhr arbeitet das horizontale Gewerbe. Geschätzte 7 000 bis 18 000 Männer werden täglich in Wien „unter dem Gürtel bedient“.

Im Sommer 1997 ist die Sanierung der Stadtbahnbogen langsam, aber doch in Schwung gekommen: der Urban-Loritz-Platz wird nach Plänen von Silja Tillner umgestaltet.

Das EU-Urban-Programm begünstigt die Beschäftigung von (Langzeit-)Arbeitslosen aus der Region bei der Revitalisierung. Die Chancen stehen gut, daß sich neben alteingesessenen Hotellerie- und Gastronomieunternehmen, neben Bars, Gewerbe- und Handelsbetrieben bald schon neue Mediencafés und Kulturprojekte breitmachen. Und laufend gesellen sich zu kommunalen Diensten (Feuerwache, Müllentsorgung, E-Werk), zu staatlichen Ämtern (Strafbezirksgericht) sowie zu Verkehrs- und Gesundheitseinrichtungen neue Sozial- bzw. Integrationsinitiativen und ökologische Schlüsselunternehmen wie das Solarteurzentrum.

LDEN
DELICIOUS
1kg 18.-
JONA GOLD
1kg 19.-
GRANNYSMITH
1kg 29.-
PFIRSICHE
1kg 24.-
W.MELONEN
1kg 9.-

Seite 123: Spaziergang in der Dämmerung
Seite 124/125: Obsthändler am Brunnenmarkt

Laborantin im AKH

Trafik in der Station Nußdorfer Straße

City-Marathon-Läufer Ecke Gumpendorfer Straße – Gürtel

In Nachtlokalen …

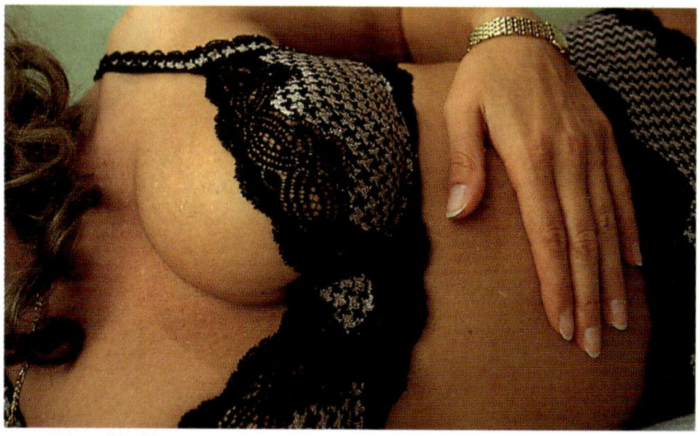
… warten die Damen …

… des ältesten Gewerbes …

... auf ihre Gäste

Ritter der Großstadt

„Maurerpartie“ in luftiger Höhe

Antiquitätenhändlerin Brigitta Toifl im Gewölbe 188

„Maroni-Maly“ bei der Nußdorfer Straße

Zinnhändler Robert Hammerling

Warten auf die Straßenbahn

Raritätenwerkstatt

Aufgelassene Peepshow im Gewölbe 182

Ideengeberin für den Gürtelumbau:
Architektin Silja Tillner

Ausstellung zum Euro-Projekt

Schlagzeuger in Toni Braitners „Drum City“

Die Erste Bank am Europaplatz

Lehrlinge bei der Ausbildung in der Berufsschule Mollardgasse

Möbelgeschäft bei der Volksoper

Gürtelgewölbe werden revitalisiert

Feuerwache Mariahilf

Korbgeschäft in einem der Stadtbahnbogen

Aufschriften zeugen von einstiger Wohnkultur

Rettungsarzt mit Sanitätern

Monumentaler Gürtel

Boulevard der Arbeiterschaft

Kirchen, Palais, Theater und Repräsentationsbauten wurden seit jeher vom Linienwall, dann vom Gürtel angezogen.

Besonderes Prunkstück ist das barocke Sommerschloß von Prinz Eugen, 1693–1724 nach den Plänen von Lukas von Hildebrandt errichtet. Vis à vis davon, außerhalb des Gürtels, erstreckt sich der weitläufige Arsenalkomplex, der 1849–1856 im romantischen Historismus als Rohziegelbau entstand. Beim Ostbahnhof, am Anfang der Arsenalstraße, befindet sich das Museum des 20. Jahrhunderts, das ursprünglich 1958 für die Weltausstellung in Brüssel errichtet und anschließend in Wien wiederaufgestellt wurde. Das Raimundtheater, 1893 nach Plänen von Franz Roth erbaut, und die Volksoper, anläßlich des 50. Regierungsjubiläums von Kaiser Franz Joseph I. errichtet, sind Gründungen privater Vereine nahe bzw. an der Gürtelstraße.

Auch soziale und kommunale Dienste, Spitäler und Bildungseinrichtungen haben Tradition. Die Zentralberufsschule der Stadt Wien (Linke Wienzeile 180) entstand um 1910 auf den Gründen des ehemaligen Gumpendorfer Schlachthauses, und die Hauptfeuerwache Mariahilf (Linke Wienzeile 184), gebaut um 1912–1914, galt damals als modernste Feuerwache Wiens. Am Margaretengürtel 136 befindet sich das Gewerkschaftskongreßzentrum im Haus des ehemaligen „Eisenbahnerheimes". Nicht unbedingt besonders prunkvolle bzw. schöne, aber jedenfalls monumentale Zweckbauten sind am Westgürtel zu sehen:

Der AKH-Komplex mit den beiden riesigen Bettentürmen im 9. Bezirk, das WIFI-Schulungszentrum der gewerblichen Wirtschaft am Währinger Gürtel und die Müllverbrennungsanlage Spittelau bei der Gürtelbrücke. Vor allem aber war und ist der Gürtel Lebensraum, kein musealer Regierungsbezirk, sondern Pendant zur Ringstraße: ein „Boulevard der Arbeiterschaft". Das beweisen nicht nur die Prachtbauten des sozialen Wohnbaus am Südgürtel, sondern auch sehenswerte Beispiele privater Wohnhaus-Architektur in Gürtelnähe, etwa das Viertel um den Drasche-Park im 4. Bezirk, das um 1900 entstand. Die Häuserzeilen weisen Fassaden des späten Historismus und des Jugendstils auf: Bekannte Architekten, u. a. Otto Wagner, wirkten hier.

Traditionell ist auch die religiöse Funktion des Gürtels. Von den Linienkapellen ist nur noch jene im St.-Johann-Park an der Schönbrunner Straße in schlechtem Zustand erhalten. Die Johann-Nepomuk-Kapelle bei der Volksoper am Währinger Gürtel wurde 1895–1898 von Otto Wagner neu errichtet. Weit größer und auffallender sind andere Sakralbauten am Gürtel: Maria vom Siege (1868–1875) sowie die Breitenfelder Pfarrkirche am Uhlplatz (1893–1898), die Lazaristen- und die Klosterkirche (beide nach 1860) in der Kaiserstraße. Nach dem Zweiten Weltkrieg entstand 1949–1952 statt der 1945 zerstörten Notkirche der Neubau der Neumargaretner Pfarrkirche nach Plänen von Helene Koller-Buchwieser und Hans Steineder.

Der Metzleinstaler Hof am Margaretengürtel ...

... zeigt seine sanft geschwungene Fassade

Wo der Gürtel das Wiental kreuzt

Seite 147: Wolkenkratzer beim Matzleinsdorfer Platz
Seite 148/149: Polizeigefangenenhaus mit dem AKH links im Hintergrund

U-Bahn-Station Josefstädter Straße

U-Bahn-Station Alser Straße

Allgemeines Krankenhaus

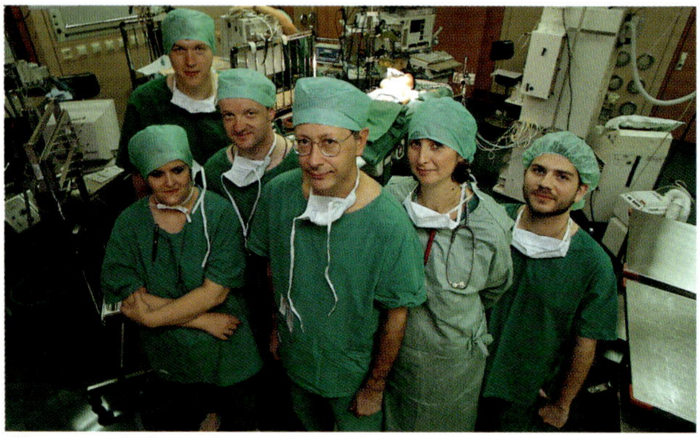
Oberarzt mit Operationsteam

Blick vom Dach der Volksoper

HAUS
ZAKERI

St. Franziskus am Breitenfeld

Nur eine Werbetafel trennt diese „Behausung" vom Gürtel

Eines der ältesten Vorstadthäuser

Trakt E des Polizeigefangenenhauses

Seite 157: Maria vom Siege

Die Volksoper

Szenenbild aus „Ein Käfig voller Narren“

Kunstaktion: Kamelskulptur als „Gürteltier“

Die Bühnenmannschaft der Volksoper

Der Europaplatz

Innenraum des Heeresgeschichtlichen Museums

Baumeister Richard Lugner mit dem Modell seiner Wolkenspange

Der Künstler Adolf Frohner vor seinem Werk am Westbahnhof

Eislaufplatz Engelmann

Otto Wagners Liebe...

...zum Detail

Mobiler Gürtel

Vom Verkehrshindernis zum Verkehrsproblem

Umständliche Bürokratie an den Toren des Linienwalls hemmte den in die Stadt strömenden Verkehr. Die Mitte des 19. Jahrhunderts errichteten Bahnhöfe der West- und der Südbahn wurden als Kopfstationen an der Steuergrenze errichtet. Tramwaylinien querten zwar den Wall, waren aber in ihrer Trassenführung an die Durchlässe gebunden.

Nach dem Abbruch des Walls entstanden zwischen 1898 und 1902 die von Otto Wagner konzipierten Anlagen der Stadtbahn, die trotz der Verwahrlosung der von Wagner offen und transparent konzipierten Bogen ihre Faszination nie verloren haben. Die Umstellung auf U-Bahn-Betriebe und der Neubau von Stationsgebäuden – etwa bei der Längenfeldgasse in Meidling, wo Gürtel- und Wiental-Linie zusammenkommen – haben dem Gesamtensemble keinen Abbruch getan.

Um die Jahrhundertwende rechnete die Wiener Stadtverwaltung mit der Entwicklung Wiens zur Viermillionenstadt. Ein dichtes Straßenbahnnetz entstand. Heute noch weist die Numerierung der Linien mit ihren „Lücken“ auf die frühere Dichte des Netzes hin. Die Ziffernbezeichnung existiert erst seit 1907, während vorher im Hinblick auf die vielen AnalphabetInnen Symbole benutzt wurden. 1997 feierten die Wiener Verkehrsbetriebe das 100jährige Jubiläum der Elektrifizierung des Straßenbahnsystems. Die Stadtbahn wurde nach dem Ersten Weltkrieg von den Bundesbahnen an die Gemeinde Wien transferiert und elektrifiziert. Erst nach dem Zweiten Weltkrieg wurde der motorisierte Straßenverkehr zum Problem.

Mitte der 1950er Jahre wurden der innere und der äußere Gürtel zu mehrspurigen Einbahnen ausgebaut und als Hochleistungsstraße B 221 in die Verkehrskonzepte integriert. Die Folgen sind bekannt: 100 000 Fahrzeuge pro Tag, Lärm, Abgase und Absiedelung vieler Betriebe. Noch ist der Straßenverkehr nicht eingedämmt. Doch flächendeckende Verkehrsberuhigung und die Nutzung der freien Flächen durch die Jugend- und Kulturszene werden hoffentlich schaffen, woran Stadtplanung und Politik bisher scheiterten.

Übrigens: „Den Gürtel“ gibt es nur im Volksmund und auf Wegweisern bei den Stadteinfahrten. Eigentlich heißen die Teilabschnitte nach angrenzenden Bezirken (Landstraße, Wieden, Margareten, Mariahilf, Neubau, Hernals, Währing, Döbling) oder ehemaligen Siedlungskernen (Gaudenzdorf, Gumpendorf, Sechshaus und Lerchenfeld). Sechs Namen von „innen“, sechs von „außen“.

1897 100 JAHRE ELEKTRISCHE STRASSENBAHN 1997
1897

MARGARE
GÜRTE

EN
18
4082

Seite 171: Trotz U-Bahn hat auch die Straßenbahn nicht ausgedient
Seite 172/173: Station Margaretengürtel

Stadtbahntrasse mit U-Bahn-Garnitur

Eine Alternative zum Auto

Mozarts Grab am St. Marxer Friedhof

Jüdischer Friedhof am Währinger Gürtel

Sonnenaufgang über dem Wiedner Gürtel

Fiaker auf dem Heimweg in die Vorstadt

Fernwärmeheizwerk im Hundertwasserdesign

Blick aus dem Westbahnhof

U-Bahn-Station Burggasse

Straßenbahnzüge an der Station Währinger Straße

Südbahnhof

Viele bunte Vögel

Graffiti

Verkehrsstau

Grüner Gürtel

Unglaublich, aber wahr: Sie leben, die Gürtelbäume

Bäume, Büsche, Flieder, Efeu und bunte Blumen in den Rasenstreifen längs der Stadtbahn: Der Gürtel ist durchaus keine Betonwüste, er blüht und grünt – doch der Straßenverkehr entwertet die Grünflächen.

Vom Stadtgartenamt werden entlang der stadtinnenseitigen Gürtelstraße 1 650 Alleebäume und über 60 000 Quadratmeter Grünfläche gärtnerisch betreut. Überwiegend säumen Ahornbäume und einige Pappeln (Wiedner Gürtel) sowie wenige Platanen und Ulmen den Straßenzug. Etliche von ihnen wären den Plänen der Gürtelkommission zur Verschwenkung der Fahrbahnen nach innen zum Opfer gefallen. Allzu lange mußten die Bäume ohne jede Pflege den extremen Umweltbelastungen trotzen, während ihre „Artgenossen" am touristischen Ring schon bewässert wurden.

Im Zuge der Neuherstellung des Europaplatzes nach dem U-Bahn-Bau und in Teilabschnitten des Margaretengürtels, des Neubaugürtels, des Lerchenfelder und Hernalser Gürtels sowie des Währinger Gürtels werden jetzt auch Bewässerungssysteme für die zähen Gürtelbäume vorbereitet. Parks und Grünanlagen trotzen dem Straßenverkehr, sind Oasen für die geplanten BewohnerInnen der Region. Historische Prachtgärten wie der des Oberen Belvedere finden sich ebenso wie kleine Kinderparadiese, etwa der Anton-Baumann-Park am Außengürtel gegenüber dem AKH.

Den meisten Friedhöfen, die außerhalb des alten Linienwalls angelegt wurden, nachdem Bestattungen innerhalb der Stadt verboten worden waren, sieht man ihren früheren Zweck nicht mehr an. Nur der museale St. Marxer Friedhof mit Mozarts Grab, der evangelische Friedhof Matzleinsdorf mit der neugotischen Kapelle vom Rathaus-Architekten Theophil Hansen und den Gräbern von Friedrich Hebbel, Adele Sandrock, Ada Christen und Wolf Albach-Retty sowie der kleine jüdische Friedhof hinter der Straßenbahnremise bei der Stadtbahnstation Nußdorfer Straße haben ihren Charakter bewahrt. Der an den jüdischen Gräberhain angrenzende Währinger Park war einst ein Friedhof, ebenso wie der Märzpark vor der Stadthalle. Auch der Waldmüllerpark im 10. Bezirk – 1923 auf Gründen des Matzleinsdorfer Friedhofs angelegt – und der Haydnpark im 12. Bezirk – 1783 als Hundsthurmer Friedhof errichtet –, in dem sich bis zur Schließung 1874 das Grab Joseph Haydns befand, sind heute blühende Parkanlagen über Gräberfeldern.

Das Grün längs der Straße, in den Gärten und Parks am Gürtel ist allen zugänglich. Reizvoll und oft völlig überraschend sind jedoch Blicke in die Hinterhöfe der Gürtelhäuser. Idyllische Rosengärten, kühler Farn und Feigenbäume, die Früchte tragen – wenige Meter abseits der Verkehrshölle. Die BewohnerInnen dieser Häuser zeigen, was am Gürtel möglich ist, ohne daß es die Vorbeifahrenden und -hastenden auch nur ahnen...

U6 Westb

Seite 187: Pfau am St. Marxer Friedhof
Seite 188/189: Die Gürtelbäume leben …

Eine Katze genießt die wärmenden Sonnenstrahlen

Grünflächen am Gürtel sind Oasen für Mensch und Tier

Schloß Belvedere

Vielbestaunte Entenfamilie

Fliederbüsche als duftende Frühlingsboten

Währinger Gürtel 95

Ein Paradies im Hinterhof

Tulpen am Straßenrand

Blühende Bäume säumen die Straße

Mountainbiken in der Allee

Kurz vor der Nußdorfer Straße

Auch am Gürtel gibt es Fahrverbote

Geselliger Gürtel

Unterwegs zur Jugend- und Kulturmeile

Die Tradition der zahllosen Gaststätten, Kaffeehäuser, Bars und Hotels am und um den Gürtel, des „Heiligen Römischen Reiches größtes Wirtshaus", die Bewirtungs- und Vergnügungsbranche am Linienwall, lebt ununterbrochen fort. Leider mangelt es noch an Einsicht, was die Einzigartigkeit der Gegend betrifft: Die „Blaue Flasche", 1848 Ort der Uraufführung der „Seufzerpolka" von Johann Strauß und in den 1950er Jahren Quartier der legendären Tanzschule „Dumser", wurde 1996 dem Abbruch preisgegeben, um Parkplätze zu schaffen!

Für jeden Geschmack ist etwas dabei: „Echte" Wiener Kaffeehäuser wie das Westend an der Ecke der Mariahilfer Straße, urige Gasthöfe wie der „Pelikan" bei der Neulerchenfelder Straße oder gleich daneben der „Weberknecht" mit seinem buntgemischten Publikum, Lokale in den Stadtbahnstationsgebäuden wie das Café Carina und Restaurants in den großen Hotels (Wimberger, Ibis) oder McDonalds in den Stadtbahnbogen am Hernalser Gürtel. Jüngste „Neuentdeckung" der Jugendszene: das Lokal beim Autobusbahnhof Südtiroler Platz im Stil der fünfziger Jahre.

Gastronomie und Unterhaltungsszene haben die Veränderungen der Gürtelgegend im Lauf der Zeit stets gespürt und schnell reagiert: Der Ausbau der Gürtelstraße in Form von mehrspurigen Einbahnen innerhalb und außerhalb der Stadtbahntrasse, die Zunahme des motorisierten Straßenverkehrs, haben Lokale des Rotlichtmilieus angezogen. Die Belebung der abgewirtschafteten Stadtbahnbogen, das EU-Urban-Projekt und das Engagement couragierter GürtelpionierInnen können den Traum einer Jugend- und Kulturmeile am Gürtel verwirklichen. Allen Unkenrufen zum Trotz behauptet sich das Szene-Lokal Chelsea am Lerchenfelder Gürtel seit einigen Jahren, das altehrwürdige Café Grillparzer am Döblinger Gürtel hat sich zum Jugendlokal (Blaustern) gewandelt. Medien- und Internetcafés gedeihen, und ein Integrationslokal wie die „Echothek" läßt sich hoffentlich doch realisieren.

Die „Wolkenspange" von Adolf Krischanitz sollte nicht am negativen Votum des Wiener Beirates scheitern. Wenn immer mehr Pionierlokale von den Gürtelbogen und dem Umland der Straße Besitz ergreifen, wird das nicht ohne Auswirkungen auf den Straßenverkehr bleiben. Konkurrenz um die Nutzung des öffentlichen Raumes kann die Blechlawine eher bändigen als praxisferne und unrealistische Tunnelkonzepte.

Waghalsige junge Leute haben im Rahmen des Projektes „trans wien" 1997/98 gezeigt, was sich alles noch am Gürtel ereignen könnte: Performances rund um die Stadtbahnanlagen. Events in Gürtellokalen – und schließlich sogar ein Picknick am Grünstreifen neben den Fahrbahnen. Wem gehört der Gürtel? Morgen vielleicht nicht mehr den Autos, sondern den Menschen und neuen Ideen.

RÖMERQUELLE
BLAU
STERN
CAFE - RÖSTEREI - BAR - RESTAURANT

Wes

FLUELA

Seite 203: Das Blaustern
Seite 204/205: Café Westend

Bar im Blaustern

Liebespaar im Café Weidinger

Billardtisch im Schopenhauer

Ober im Westend

Lektüre im Weidinger

Hotel Wimberger

Bar des Chelsea

Othmar Bajlic vor seinem Lokal

Das Szenelokal Chelsea

Garten des Gasthofs „Zum goldenen Pelikan“

Bildquellennachweis
Austrian Archives/Dr. Christian Brandstätter, Wien:
Seite 10–13, 15 o., 18 u., 22 M., 25, 29, 103 u., 110 u.
Bildarchiv Christian Brandstätter Verlag, Wien:
Seite 14, 18 o., 20, 22 o., 24 o., 30, 40 o., 44, 46, 56, 73 u., 83, 96–99, 103 o.
Sammlung Franz Hubmann, Wien:
Seite 15 u., 16, 17, 19, 27, 34, 40 u., 41, 43, 45, 48 o., 51, 53–55, 57–71, 74, 75, 79, 80, 86, 89, 91, 95, 100, 104 o.
Österreichische Nationalbibliothek/Bildarchiv, Wien:
Seite 21, 22 u., 23, 24 u., 31–33, 35, 37, 39, 47, 48 u., 50, 72, 73 o., 94, 101, 104 u., 105–109, 110 o., 111–113.
Projekt Kunstmeile Gürtel/Photo: Herbert Fidler, Wien:
Seite 114, 115.
Dieter Nagl, Wien:
Seite 121–214.

Photographien des Schutzumschlages:
Stadtbahn-Station Josefstädter Straße (1898), oben
U-Bahn-Station Josefstädter Straße (Gegenwart), unten

Die Deutsche Bibliothek – CIP-Einheitsaufnahme
Der Wiener Gürtel:
Wiederentdeckung einer lebendigen Prachtstraße/Madeleine Petrovic.
Mit Photographien von Dieter Nagl. – Wien: Brandstätter, 1998
ISBN 3-85447-723-6

Der Entwurf des Schutzumschlags und die graphische Gestaltung stammen von Hofmann und Kraner, Wien
Die technische Betreuung besorgte Josef Embacher, das Lektorat Maria Seifert.
Die Reproduktion der Abbildungen erfolgte bei Repro Wohlmuth, Wien.
Druck und Bindung Theiss Druck, Wolfsberg.

ISBN 3-85447-723-6
Christian Brandstätter Verlagsgesellschaft m.b.H.
A-1080 Wien, Wickenburggasse 26, Telephon (++43-1) 408 38 14
Telefax (++43-1) 408 72 00, E-mail: books@cbv.co.at

Die Stadt Wien, die Österreichische Nationalbank, die Erste Bank und die Bank Austria haben die Entstehung dieses Buches unterstützt.
Die Autorin und der Verlag möchten ihnen an dieser Stelle dafür danken.